新基本レッスン

SPORTS GRAPHICS

卓球

近藤欽司 著

感動

卓球の一つひとつのシーンには、プレーヤーの様々な心が表現され、それは観る人の胸を打ちます。そこにあるのは卓球のダイナミズムと感動、勝者と敗者の明暗、限界に挑戦するアスリートとしての本能……。

写真に見る 卓球の魅力と躍動

二〇〇一年大阪世界選手権。対ルーマニア戦で勝利し、十八年ぶりの銅メダル確定。感激の余り涙する高田佳枝（日本生命）。ベンチで迎える羽佳純子（サンリツ）も感涙

二〇〇一年大阪世界選手権。団体戦十八年ぶりの銅メダルを獲得した日本女子チーム。大勢の観衆に笑顔で応える

二〇〇一年大阪世界選手権。武田・川越組（健勝苑）ダブルスで二十四年ぶりの銅メダルを獲得、歓喜で抱き合う

明暗

シュラガー（オーストリア）。二〇〇四年世界選手権シングルス決勝で朱世赫に勝ち、チャンピオンになった瞬間の喜びのポーズ

二〇〇一年大阪世界選手権。男子団体中国対韓国戦。劉国正（中国）大逆転で金擇洙（韓国）に勝った瞬間。卓球史に残る一戦

勝者と敗者の明暗を分けた一瞬。敗者から握手を求めて勝者に向う

卓球は格闘技

日本の誇る世界のカットマンプレーヤー松下浩二(グランプリ)。素晴らしいカットでの守備力に加え、フォアハンドの強烈なドライブ攻撃を備えている

クレアンガ（ギリシア）。二〇〇四年三月発表のワールドランキング十位のガッツポーズ

シュラガー（オーストリア）。二〇〇三年世界選手権シングルス優勝の感動的瞬間

ダイナミズム

クレアンガ（ギリシア）の一発で仕留
める強烈なバックハンド攻撃

国際大会で活躍中の梅村礼（日本生命）。パワーあふれる攻撃

王楠・張怡寧組（中国）。二〇〇三年世界選手権ダブルス優勝。左利き王、右利き張の有利性を生かした世界最強ペアである

荘智淵（台北）。右シェイク両面裏ソフト攻撃型。若手で期待されている選手

馬淋(中国)。右ペン両面裏ソフト攻撃型。バックハンドの強烈な裏面打法

楽しさと華やかさ

ピースをしながらハイポーズ。将来の日本の卓球を背負う期待の若手選手

こんなパフォーマンスでも卓球は楽しくプレーすることができます！

二〇〇三年全国高校総体団体決勝戦、武蔵野高校（東京）が三対二で富田（岐阜）に勝った瞬間、喜びの顔、顔

読者のみなさんへ

卓球の「卓」は卓越、非常に優れているという意味があります。卓球は頭を使い、体を使い、そして喜びや感動を得ることのできる競技です。

直径四〇㎜、重さ二・七五ｇの卓球のボールが生みだす回転、スピードの複雑さは、スポーツの中で最大です。そして、長さ二七四㎝、幅一五二・五㎝のコート上でネットをはさんで打ち合う空間は、無限の広がりを持っています。技も無数にあり、選手のパフォーマンスも無限です。だからこそ、卓球はおもしろく、奥の深いスポーツであると言えるでしょう。

ボールが飛んでくると同時に瞬間的な判断力と反応が要求され、ボールに合わせたフットワークや技術を使い、なおかつ点を取り合うゲーム性を持つ競技。そこが卓球の魅力であり、小学生からお年寄りまで幅広い層に親しまれる理由です。本書は卓球のおもしろさ、楽しさを紹介しながら、現在の自分の競技力をさらにレベルアップさせたい人のヒントになれば、と作成しました。最初に「自己診断カルテ」を掲載し、選手としてのレベルチェックができ、それぞれのプレーバランスや問題点がわかるようになっています。評価基準を参考にしながら評定し、次のレベルに到達するヒントにしていただきたいと思います。以後は、基本的な技術編と実戦的な応用編に区分して、説明してありますので、自分の目標や課題を正確につかんで、戦力アップに役立ててください。

これから卓球を始める人、さらにレベルアップしたい人にとって大切なことは正しい基本を身につけることです。しかも、その基本というのは「実戦で役立つ基本」でなければいけません。練習のための練習ではなく、試合で役立つ技術と意識が重要です。

最初に基本レッスンを発刊して十年、このたび、新ルールを反映させ、新基本レッスンとして発刊することにしました。本書では単に技の紹介だけではなく、それをどうやって試合で生かすかということにも触れています。しかしながら、卓球の技術というのは多種多彩で、掲載した以外にもたくさんの技があり、今後も新しい技術、戦法が開発されるでしょう。そういう技の応用や新しい技術を作るのはあなた自身です。無限の技の中でさらに新しいことを作り出す喜びが卓球にはあります。あなた自身のプレースタイルを本書の中から見つけ、上達に役立ててほしいと思います。

本書の作成にあたり、編集で今野昇氏に、出版にあたり大修館書店の平井啓允氏に多大なご協力をいただきました。この場を借りて、謝意を表します。

二〇〇四年三月

近藤欽司

基本レッスン

卓　球

目次

まず始めに

自己診断カルテ——あなたのプレーバランスは？

あなたの技能レベルをチェック！

◆反省と目標設定

卓球上達のためには、自分の戦型の目標、つまり、どのような選手になりたいか、また、そのために、今何をすべきか（小さな目標）を明確に設定することが大切です。

そのために、現在の自分のレベルをつかみ、次のステップに上がるべく練習メニューを作成し、一定期間練習します。そして、その成果を試すべく、練習試合などを行い、評価、反省し、次の目標設定に役立てます。

ここでは、現在の自分の技術、体力などのレベルを知り、次のステップに上がるための目安として利用してください。数試合行ったあと、平均的な自分の各技術、項目のレベルを自己診断し、自分の卓球のバランスはどうか、課題は何かということを確認するのに利用します。

カットマンの人はフォアハンドの「チェック」をフォアハンドカットで、ショート・バックハンドの「チェック」をバックハンドカットに置き換え、評価表を作成してください。（P・15参照）

また、評価するときBとCの中間くらいの場合（CとDの中間なども同様）は中間点にマークしてください。さらにAは5点、Bは4点、Cは3点、Dは2点で評価し、50点満点（5点×10項目）で自分のトータル点数を出す方法も利用できます。

各項目の評価基準

チェック！ CHECK① サービス

D▼バウンドが高く、回転量が少なく、変化がわかりやすい。長い、短いの変化が少なく、相手に簡単に返球される。ワンセット中サービスと3球目で1～2本しか得点できない。時々サービスミスをする。

C▼回転量の変化や方向、コースもよいが、構え、モーションで相手に判断されやすい。慣れられると威力が低下し、効果が不足する。サービスの組み立てもあまりよくない。サービスと3球目で1ゲーム中2、3本得点できる。

B▼モーションやスイングで回転の量や方向がわかりにくく、意外性があり、サービスと3球目で3～4本の得点ができ、心理的にかなり有利になれる。後半でのせったときに使うサービスも持っている。サービスミスはほとんどなく、サービスの種類、組み立てもうまく、相手によって変化をつけられる。

A▼超人的サービスで世界のトッププレーヤーにも十分通用する。

チェック！ CHECK② フォアハンド（強打、強ドライブ以外）

D▼コースがあまく、入れるだけ。威力もなく、安定性も少ない。相手に簡単に攻められてしまい、打球点の変化や強弱もあまりつけられない。

C▼時々は、いいコースに打てるが、少ない。ミスは比較的少ないが、返球コースが一定となり、相手にヤマをはられやすい。

B▼相手の心理や、構えの位置などにより、コースを逆につくことができる。意外性もあり、一つのボールに対し、2～3種の打法で打ち分けられる。ミスが少なく、コート近くでの合わせ技からコートを離れてのロビングまで、打球、スイングも幅があり、相手のコートになんとか入れることができる。

A▼超人的な安定性やコースどりができ、相手が「決まった」と思うようなスマッシュでも返球することが可能で、相手の心理を崩すことができる。

チェック! CHECK③ フォアハンドスマッシュ・強ドライブ

D▼威力やスピードが不足でコースもあまい。1本は打てるものの2本目や3本目のミスが多い。

C▼威力はあるが、相手の球質（伸びる、曲がる、下回転）に対しミスが多く、安定性に欠ける。後半のヤマ場でのチャンスボールのスマッシュミスが多く出る。無理なボールをスマッシュするなど、選球眼が今一歩である。一本は打てても連打ができない。

B▼スマッシュや強ドライブのコースもよく、威力、安定性もあり、得点できる。高いボールはもちろん、低くても浅ければ強打できる。流し打ちスマッシュなどの打法も身につけ、連打もできる。

A▼狙ったコースに確実に打てる。威力、安定ともに世界の一流と言われる。

チェック! CHECK④ レシーブ

D▼ただ入れるだけでコースもあまく、相手が3球目攻撃で凡ミスをしないかぎり点が取れない。レシーブの技の種類が少ない。サービスのコース、回転に対し、判断ミスが多く、相手の変化にひっかかりやすい。

C▼サービスの回転やコースの変化はある程度判断できるが、まだレシーブミスが多く、あまい。ストップレシーブ、はらいのレシーブもできるがミスが多い。一つのサービスに対し、2種類のレシーブができる。

B▼レシーブで意外性のある技を使ったり、意外なコースに返球することができ、ある程度3球目攻撃を封ずることができる。時々レシーブでチャンスを作ることができ、4球目攻撃ができる。あまいサービスに対しレシーブから強打できる。一つのサービスに対しコースや技で3種類以上のレシーブができる。ショートサービスに対し、ストップレシーブやはらいのレシーブを状況に応じて使い分けることができる。

A▼あまいサービスに対し確実にレシーブスマッシュができる。どういうサービスに対してもほとんどミスなく、強打させないレシーブができる。

チェック! CHECK⑤ ショート・バックハンド

D▼コースがあまく、バウンドも高い。入れるのがやっとで、スピード、技の種類も少なくミスも多い。ほとんど得点にならない。

C▼ショート、プッシュ、ナックル性、サイドスピン、バックドライブ、バックハンドなどバック系の技は、一応種類はあるが、ミスが多い。コースもあまくまだまだである。

B▼バック系の技がある程度安定し、試合で使える。コースの打ち分けや、状況により使い分けもできる。3球目もバックハンドやバックドライブで攻撃ができる。相手の強打に対しブロックもミスはあるが感覚はまちがっていない。

A▼相手のドライブを2バウンドのショートで返球できたり、バックハンドで強打できる。相手の強打に対しブロックも安定している。

Q&A

Q・レシーブが下手で負けることが多い、練習法は？

A・レシーブが問題で負けるということは、試合の反省として最も多いかもしれません。サービスの回転量、回転方向を正確に判断し、すみやかに動いて正しく対応する練習をしましょう。

チェック！ CHECK ⑥ ツッツキ（ラリー中）

D▼ただ入れるだけでコースもあまく、相手に簡単に強打される。相手の変化にもひっかかりやすくミスも多い。自分からの変化も少ない。

C▼回転やコースの変化はつけられるが、まだミスが多い。相手の変化にもひっかかりやすい。意外性のあるコースに返球することも少ない。

B▼回転やコースの変化が自由自在でミスも少ない。タイミングの変化もできる。相手の攻撃を封じたり、自分のチャンスを作ることができる。意外性のあるコースに返球でき、ストップや長いツッツキ、回転に変化もつけることができ、ミスも少ない。

A▼カットマンと対戦してもツッツキだけで十分点が取れる。攻撃相手にもツッツキだけで相手の心理を崩すことができる。ストップレシーブで切ることができる。

チェック！ CHECK ⑦ フットワーク

D▼ラケットが先に出て、足があとからついていく感じで、前後左右の動きが遅い。ベタ足でかかとがついたまま打球してしまう。打球点や打ったボールもバラつくことが多い。

C▼動くのはなんとか動くが、体勢が崩れることが多い。もどりも遅い。打球点もバラバラになることが多く、ひざの使い方もよくない。

B▼回り込みや、飛びつきなど、よく動きミスが少ない。体のバランスが崩れることが少なく、下半身の使い方もうまい。逆コースをつかれても踏ん張り、なんとか返球できる。

A▼フットワークのスピード、大きさ、細かさなど、超一流と言われる選手。見ている人を感心させる。ノータッチで抜かれたと思われるようなボールでも動いて打球できる。

チェック！ CHECK ⑧ 戦術

D▼単調な攻めしかできず、それに慣れられると苦しくなる。幅も少なくミスも多い。相手の術にもはまりやすい。

C▼苦手なタイプがある。ゲーム全体として1セット目はなんとか勝つが、2～4セット目に負けるケースが多い。特に4セット目は簡単に負ける。戦術の幅が少なくレベルが低い。相手の弱点を見破ることがあまりできず、相手の戦術に多くひっかかる。

B▼相手の欠点を見つけ徹底的にそこを攻めることができる。また、相手の戦術に対しても早いうちにある程度対応できる。相手の心理をよみ、ゲームの流れで戦い方を3つくらい変化させることができる。心理的に相手を崩していく戦いができる。

A▼どんなタイプにも自分の特徴が発揮でき、相手の力も封ずることができる。世界で通用する戦術を持っている。得点のパターンをたくさん持っている。

チェック！ CHECK ⑨ 精神力

D▼練習にすぐ飽きてしまい、ラリー中でもボールを追いかけずあきらめたりする。気分にムラがあり、それにより練習が左右される。自分のペースで試合が進んでいるときは、声を出し、プレーするが、ちょっとしたことですぐ崩れる。心のスタミナが不足している。

C▼1～2ゲーム目は好ゲームをするが3ゲーム目中盤くらいから崩れる。卓球は好きだけど、他人以上の努力ができない。いい勝負は多くやるが、最後になるとだいたい負ける。

B▼普段の生活や練習も我慢強く、卓球が強くなるために自分で自分をコントロールでき、努力する。もうだめだと思われるようなカウントでリードされたとしても絶対あきらめない。ばん回して勝つことが多い。新しい技などにも挑戦的な気持ちで取り組む。周りの人が応援してやろうという気になる。

A▼周りの人から変人といわれるくらい努力する。卓球の虫、飯より卓球が好き。積極的に努力する。

チェック！ CHECK ⑩ 体力

D▼練習やトレーニングで疲れるのが早い。声があまり出ず、あきらめも早い。

C▼基礎体力評価基準の値がE～Fでだいたい普通以下である。日頃ランニングや腹筋などのトレーニングが必要。疲れやすく、スタミナ不足の感がある。

B▼連続的な長時間の練習に耐え、試合においても他の部員よりは体力がある。走る、跳ぶなどの能力も陸上部なみで測定値もA、Bランクが多い。気力も常に充実している。

A▼心と体のスタミナ抜群。食欲もある。自分でも体力、食事などの情報に積極的に取り組み、日常生活で工夫している。

●自己診断カルテ・評価表

（レーダーチャート：サービス、フォアハンド（つなぎ）、フォアハンドスマッシュ・強ドライブ、レシーブ、ショート・バックハンド、ツッツキ、フットワーク、戦術、精神力、体力の10項目。評価はA・B・C・D（5・4・3・2）の4段階）

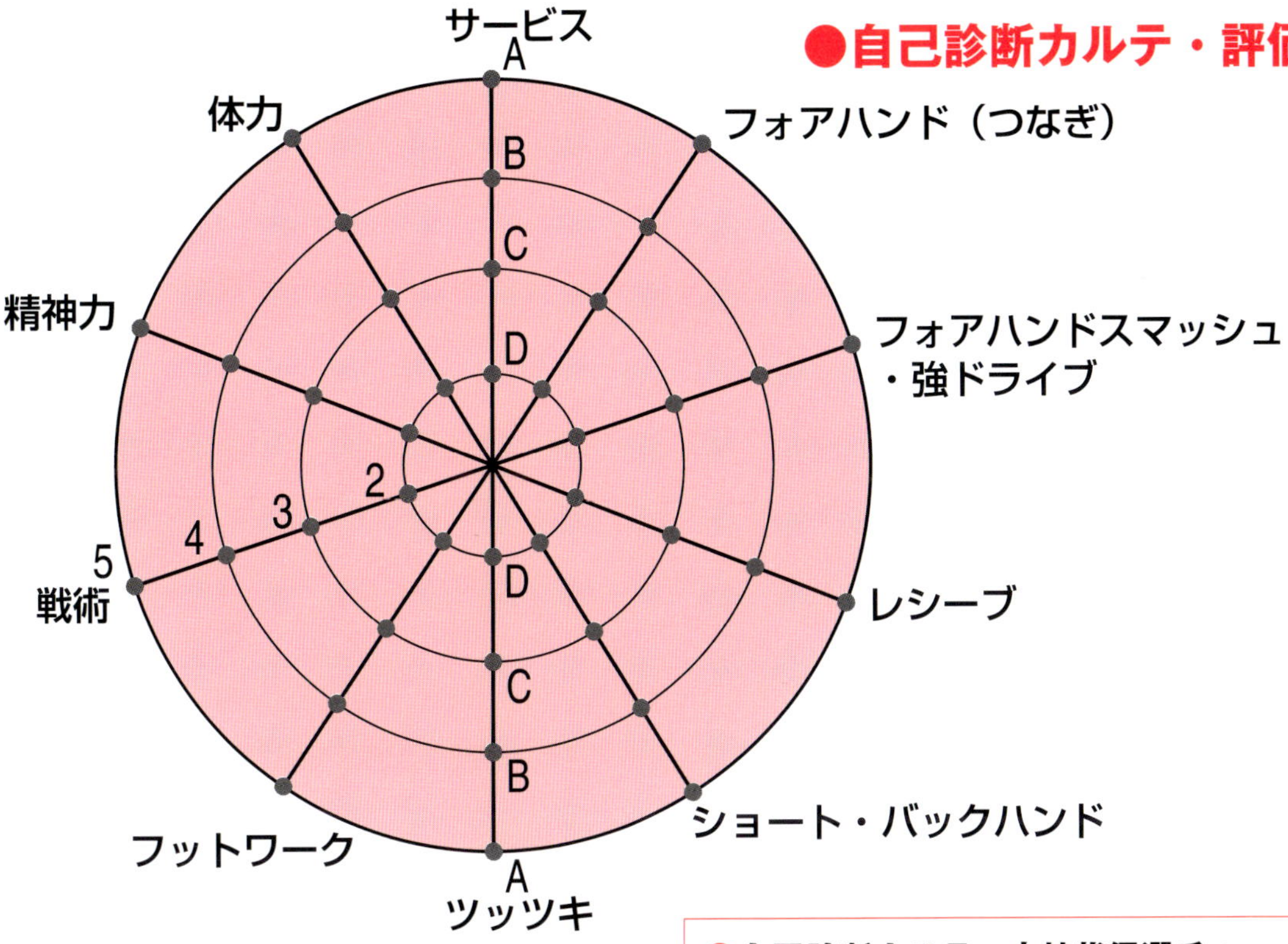

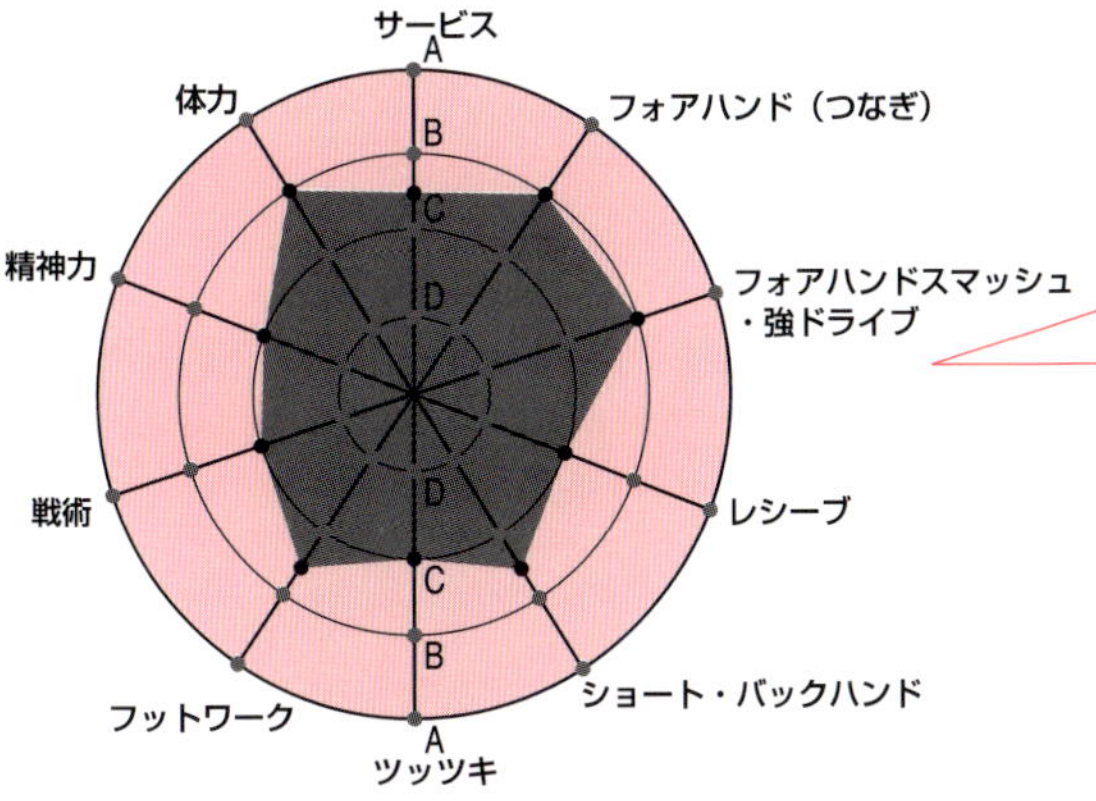

●自己診断カルテ・大柿柴保選手（白鵬女高・全日本ダブルスチャンピオン）の場合／総合点34.5

比較的プレーバランスが取れている。サービスからのフットワークを生かし、フォアハンドやバックハンド攻撃する型の特徴が現われている。技はツッツキやレシーブが問題。さらに精神面の強化が必要であろう。（著者のコメント）

●自己診断カルテ・河野文江（白鵬女高・世界選手権日本代表）選手の場合／総合点35

サービス力にすぐれ、フォアハンド攻撃とショートを中心に試合運びのうまさが特徴。体力、精神面の強化とフットワークが課題であろう。技ではツッツキとフォアハンドのつなぎのミスを少なくする必要がある。（著者のコメント）

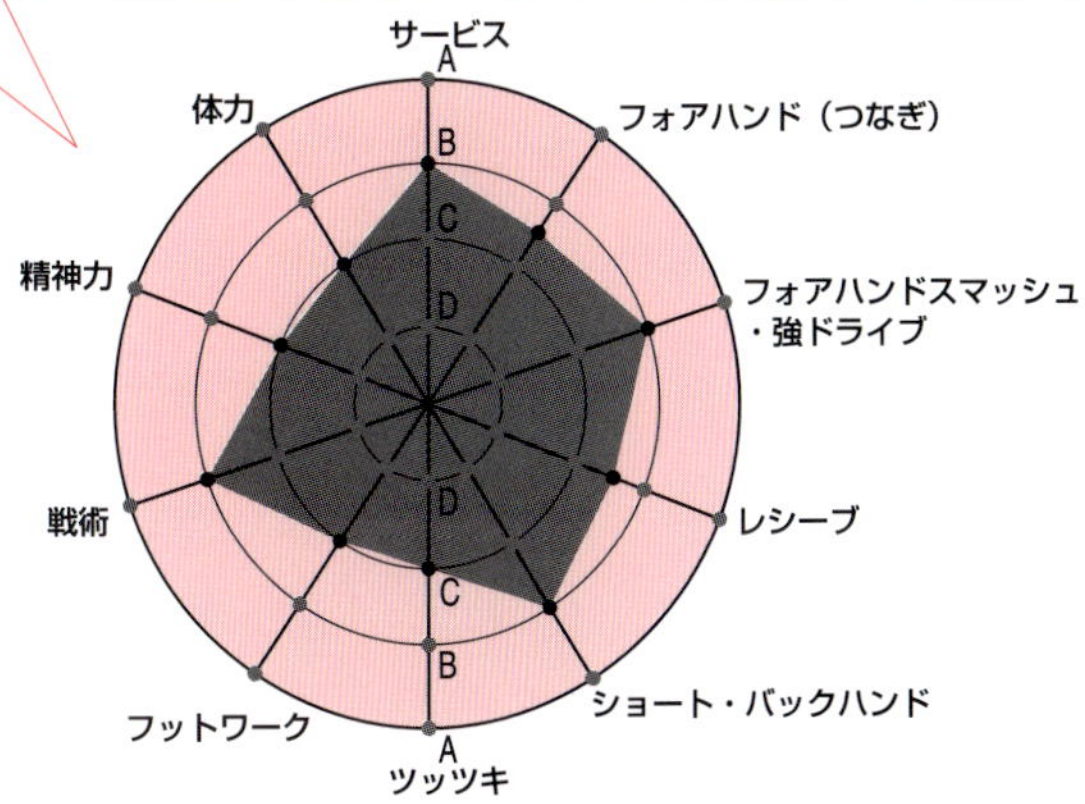

Q&A

Q．いつも競ったゲームができるのですが、どうしても最後に相手に自分のやることを読まれてしまい、勝てません。

A．これは、最後の場面での「隠しサービス」がない、相手の戦術が読めない、という試合の進め方に問題があるためです。試合の後半用にサービスをひとつ用意しておくことも必要です。
また、試合を進めながら相手がやってきたことを記憶する訓練を普段の練習でも実行しましょう。

入門編
Beginner
1

練習を始める前に
卓球ルールの基礎知識

卓球とは

発祥の地はイギリス。今から約百年前に床やテーブルで、ゴムやコルク製のボールで遊んでいたのですが、一九〇〇年頃セルロイドボールが使われ、太鼓のような小羊の皮を張ったラケットで打ち合い、その音が「ピンポン」としたと言われています。その後、板ラケットになり、表面に皮、布、コルク、ラバー、スポンジなどが張られ、スピードや回転がかかるようになりました。

一九〇〇年代頃までは貴族の遊技として楽しまれていましたが、二〇年代にイギリスで卓球として競技化されました。ラケットは初期の頃は木やコルク張りで、四〇年代に一枚ラバーが普及し、五〇年代以降は一枚ラバーに代わり、スポンジラケット、裏ソフト、表ソフトラバーが主流になり、五九年にはスポンジ禁止とラバーの厚さ制限で現在に至っています。

日本へは娯楽として、二十世紀初頭に入ったと言われていて、二〇年代にスポーツとして大会が開催されるようになりました。

世界選手権は二六年に第1回大会が開催され、日本は五二年に初参加、いきなり7種目中4種目のタイトルを奪い、以後、六〇年代にかけて黄金時代を築きました。その後、中国の台頭と全盛時代、ヨーロッパの巻き返しと続き、現在ではアジアとヨーロッパが争う形です。

卓球スタイルも守備スタイルが主流のヨーロッパを日本が攻撃スタイルで破り、中国が前陣速攻と用具の開発による変化プレーを駆使。その後、用具の発展に伴い、よりスピーディ、より回転が強くパワフル、そしてよりオールランドなスタイルに移り変わっています。現在では世界中、シェイクハンドグリップの攻撃型選手が圧倒的に多くなっています。

競技の進め方

1 競技の開始

①相手と握手または礼をして、ジャンケンかトスで最初のサーバーやエンドを決める。

②主審の「レディ」の合図で競技の態勢に入り、「ラブオール」（0対0の意味）で開始する。

2 サービスのやり方とレシーブ

①サービスは手の平にボールをのせ、ほぼ垂直に16cm以上ほうり上げ、ボールが落下してくるところを打球する。打球の瞬間のボールの位置はエンドラインの外側であり、コート面より上でなければならない。またその間、サーバーは体の一部または着用している物でボールを隠してはならない。さらにボールが手の平から離れたらすぐにフリーハンドと腕をサーバーの両肩とネットのサポートとの空間の外に出さなければならない。

②サービスの打点が台上であったり、ボールが上昇中に打球した場合、二度打ちした場合は、フォールトとなり失点となる。

③サービスは、主審の宣告後、相手が構えてから行う。これより速いタイミングで出された場合は、レット（ノーカウント）で、もう一度やりなおす。ネットにあたって入ったサービス（ネットイン）もやりなおす。

④サービスは2本ずつで交代する。ただし、10対10以後、および促進ルールに入った場合は1本ずつ交代する。

⑤第1ゲームで最初にサービスしたものは、第2ゲームの初めはレシーバーになる。以後ゲームごとに交代する。

⑥レシーバーは、直接ネットを越し

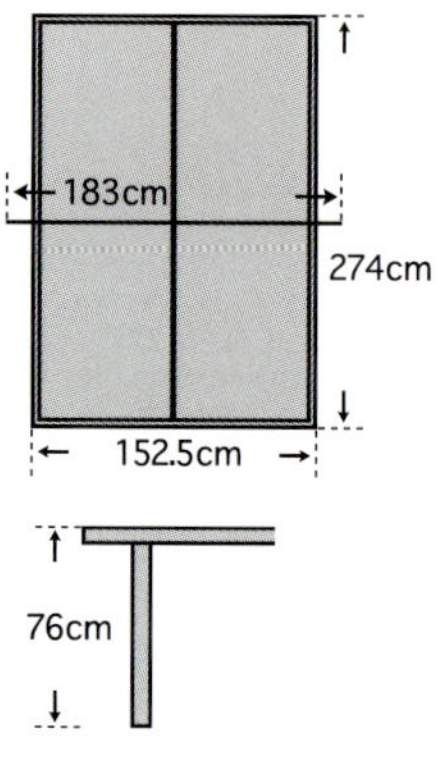

て相手コートに入るように打つ。
⑦以後これを繰り返し、どちらかが返球に失敗するまで続ける。

3　促進ルール

競技時間をスピードアップさせるためのルールで、1ゲーム10分に達した場合に適用される（ただし、9対9以後に10分に達した場合は適用されない）。10分に達した時点でラリー中であればそのラリーのサーバー、ラリー中でなければ直前のラリーにおけるレシーバーのサービスでゲームを再開する。サービスは1本ずつ交代し、レシーバー側が13回正しいリターンができれば、レシーバー側の得点となる。促進ルールは双方の競技者から要求があれば、ゲームの始めからでも途中からでも適用され、いったん適用された場合には、残りのゲームもすべて促進ルールでゲームが行われる。

4　ゲームの終了とエンドの交代

どちらかの得点が11に達したらゲームを終了する。ただし、10対10になった場合は続けて2点リードしたほうがそのゲームを得る。エンドの交代はゲーム終了ごとに行うが、最終ゲームの場合はどちらかが5点に達したときエンドを交代する。

5　試合の終了

5ゲームの試合では3ゲーム、7ゲームでは4ゲームを先取したほうが勝ちとなり、ゲームを終了する。

6　ダブルスのルール

①はじめのゲームで、はじめの2回のサービスを行う組は、どちらが最初にサービスをするかを決める。レシーブ側も同じようにどちらが最初のレシーバーになるかを決める。

②以後、各ゲームでは、サービス組が最初のサーバーを決めたら、レシーブ組はそのサーバーにサービスしたプレーヤーが自動的にレシーバーとなる。

●サービスを入れる場所

センターラインの右半分から相手コートの右半分へ入れる。

●打球

各組同士必ず交互に打つ。交互に打たなかったときは、相手側の得点となる。

●ダブルスのサービスとレシーブ順序

得点が10対10になったとき、および促進ルール適用後は、サービスは1回ずつ、同じ順序でくり返す。

勝敗を決める5ゲーム目、セットマッチでは7セット目では、どちらかの組の得点が5点に達したとき、エンドを交代するとともに、レシーブ組はレシーバーも交代する。

主なルール

プレーヤーのミスとして、相手側の得点となるもの

①正規のサービスを行えなかった場合

②正規のリターンを行えなかった場合

③相手からリターンされたボールを進路妨害（オブストラクト）した場合。

④ボールを続けて2回打った場合

⑤自分側のコートにリターンされたボールが2回バウンドした場合

⑥プレイングサーフェスを動かした場合

⑦プレー中にフリーハンドがコートに触れた場合

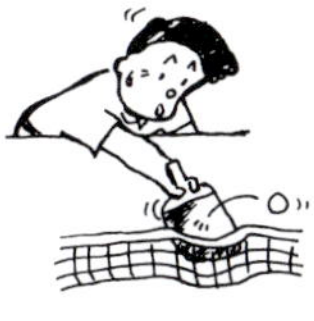
⑧プレー中にラケットや衣服がネットに触れた場合

⑨促進ルールで、レシーバーに13回の正規のリターンをされた場合

●ダブルスのサービスとレシーブの順序

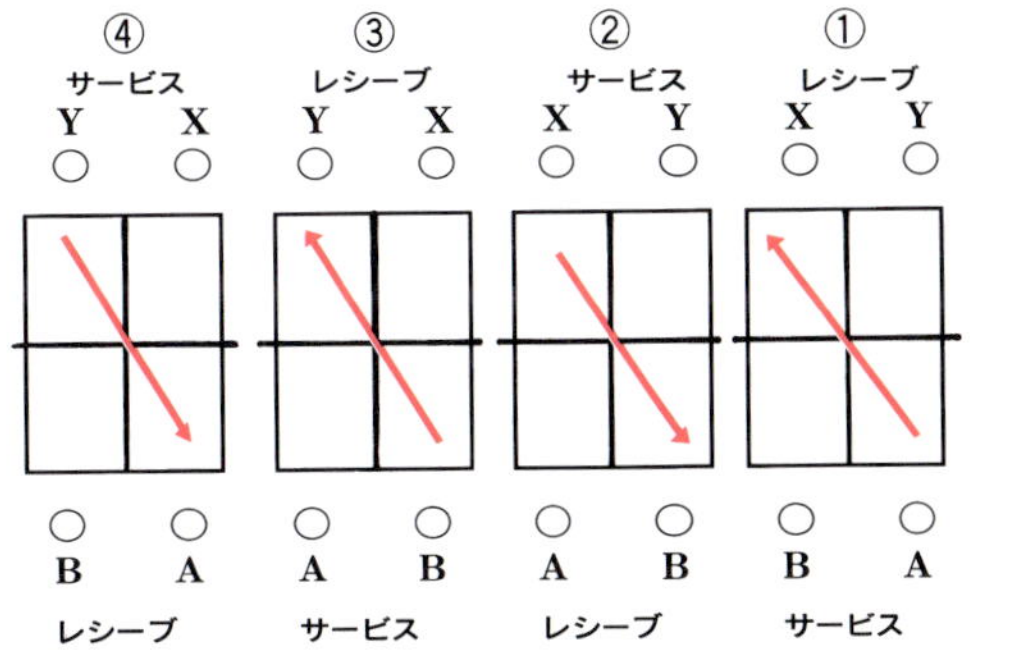
①
レシーブ
X Y
B A
サービス
②
サービス
X Y
A B
レシーブ
③
レシーブ
Y X
A B
サービス
④
サービス
Y X
B A
レシーブ

入門編
Beginner
2

練習を始める前に
卓球用語の基礎知識

【あ行】

●**アンチ・トップスピンラバー**　トップスピン（前進回転）のよくかかったボール（ドライブ）を処理しやすいラバー。略称はアンチ。スポンジの上に、はずみが少なくて回転のきわめてかかりにくいラバーをはり合わせたラバー。

●**アンパイヤ**　主審。

●**異質ラバー貼りラケット**　片面に裏ソフト、もう一面に表ソフトやアンチ、ツブ高というように、性能の異なるラバーを貼り合わせたラケットをいう。略して異質ラバー。

●**一枚ラバー**　厚さ2㎜以下で、スポンジを貼り合わせていないゴム質だけのイボ（粒）ラバー。

●**インパクト**　①打球点。②ボールがラケットに当たる瞬間。

●**〜打ち**　相手が「〜の打法」で返してきたものを攻撃すること。
カット打ち—相手のカットを攻撃。
ショート打ち—相手のショートを攻撃。
ツッツキ打ち—相手のツッツキを攻撃。

●**裏ソフトラバー**　スポンジの上に、イボ（粒）を下向きにしたゴムを貼り合わせたラバー。

●**一歩動のフットワーク**　フットワークのとき時間的余裕がなくて、右足一歩や左足一歩で打球すること。

●**エッジ**　卓球台の表面のふち。

●**エッジボール**　エッジに触れたボールのこと。カバーともいう。正規の打球とみなされる。

●**エンドライン**　ネットに平行して引かれた卓球台両端の幅2㎝の白色ライン。

●**オールラウンド型**　いろいろな卓球の技を多彩に使えるプレーヤー。

●**表ソフトラバー**　スポンジの上に、イボ（粒）を上向きにしたゴムを貼り合わせたラバー。

【か行】

●**カット**　ボールに後退回転を与える打法をいう。ただし、相手の後退回転球に対してカットすることはツッツキと呼び、カットとは区別して使う。

●**カウンター攻撃**　相手の強いドライブ攻撃を利用し、頂点前の打点でドライブ攻撃をする。

●**カット打ち**　相手がカットしたボールを攻撃すること、およびその打法。

●**基本姿勢**　相手打球を待つときの基本的な姿勢。

●**基本姿勢へのもどり**　①基本姿勢で待つ→②移動→③打球動作→④基本姿勢へもどる。この一連の動作をラリー中に繰り返す。

●**グリップ**　ラケットの握り方。大別すると、シェークハンドグリップとペンホルダーグリップがある。

●**ゲーム**　俗にセットともいう。1ゲームは、ジュースの場合を除き11ポイント（得点）から成る。

●**ゲームオーバー**　そのゲームが終わったこと。

●**ゲームオール**　俗にセットオールという。双方の得たゲーム数が2対2（5ゲームスマッチ）、または3対3（7ゲームスマッチ）であること。

●**ゲームセット**　試合終了。

●**コース**　打球の進行方向。大別すると、ストレート、クロス、ミドルへのコースがある。①ストレート：サイドラインに平行のコース。バックからストレートに打てばバックストレート、フォアからストレートに打てばフォアストレート。②クロス：対角線のコース。バックからクロスに打てばバッククロス、フォアからクロスに打てばフォアクロス。

●**コート**　卓球台の表面をネットで2つに区切り、そのそれぞれをコートという。

●**5球目**　サーバーの（3球目のあとの）第3打。

【さ行】

●**サーバー**　サービスをする人。

●**サービス**　ラリーの第1球。サーブともいう。

●**サービスエース**　サービスによる得点。

●**サイド**　卓球台の側面。ここに触れた打球は、相手方の得点になる。

●**サイドスピン**　横回転。

●**サイドライン**　ネットと直角方向のコート両端の白線。

●**サポート**　ネットをささえる支柱。

●**3球目**　サービスがラリーの1球目、レシーブが2球目、その次（サーバーの打球）が3球目で、これを3球目あるいは第3球という。

●**3球目攻撃**　3球目で攻撃すること。3球目攻撃による得点が、攻撃得点の中でも重要な位置を占めるところから、この言葉が生まれた。

●**三歩動のフットワーク**　攻撃型の選手が、基本の練習の一つとして左右のフットワークを行うが、そのときの足の動きは三歩動となる。バックからフォアに移動するときは1で右足を少し移動、2で左足、3で右足を移動するので三歩動となる。フォアからバックに移動するときはこの逆となる。

●**シェーク**　シェークハンドグリップとシェークハンドラケットの略称。

●**シェークハンドグリップ**　握手に似たラケットの握り方。通常は、人さし指と親指とでラケットの異なる面を支え、残り3本の指で柄を握る。

●**シェークハンドラケット**　シェークハンドグリップの競技者用に作られたラケット。

●**ショーツ**　ショートパンツ。

●**ショート**　台の近く（前陣）に構え、主に右利きの人の体より左側にきたボールを打つ時の技で、バウンドの上昇期（頂点前）を打球する打法。ナックル性、プッシュ性、カット性、サイドスピンショートなどがある。

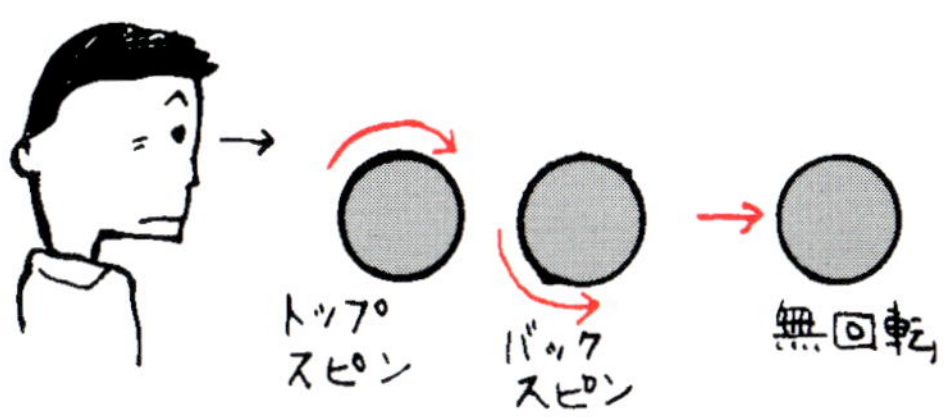

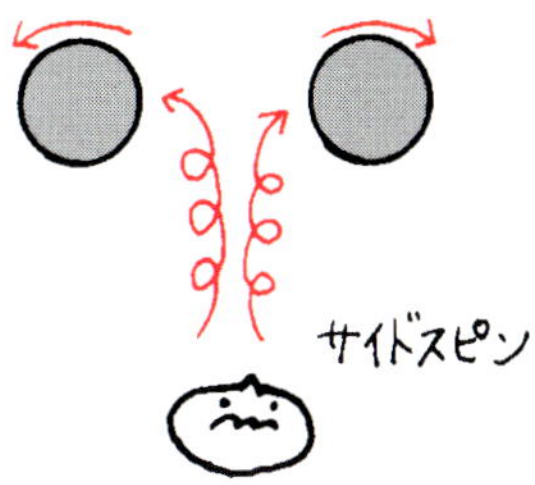

●**スイング**　ボールを打つためのラケットの振り。①バックスイング：基本姿勢の位置から、（打球前の）後方への振り。②フォアスイング：前への振り。この途中に、打球点（インパクト）があり、さらにフォロースルー（インパクトから後の前への振り）がある。

●**スイートスポット**　ラケットの中央部で打球感がよく、威力のあるボールが打てる部分。

●**スコア**　双方の得点数。

●**スタンス**　両足の間隔。その目安は肩幅ないしは肩幅より少し広い程度。

●**ステップイン、ステップバック**　前への足の踏み出し、踏み込みがステップイン。後ろへの足の踏み出しがステップバック。ステップインして打った後は、ステップバックして、次に備える。

●**ストローク**　打法、打ち方。卓球のストロークを大別すると、ロング打法、ショート打法、カット打法がある。

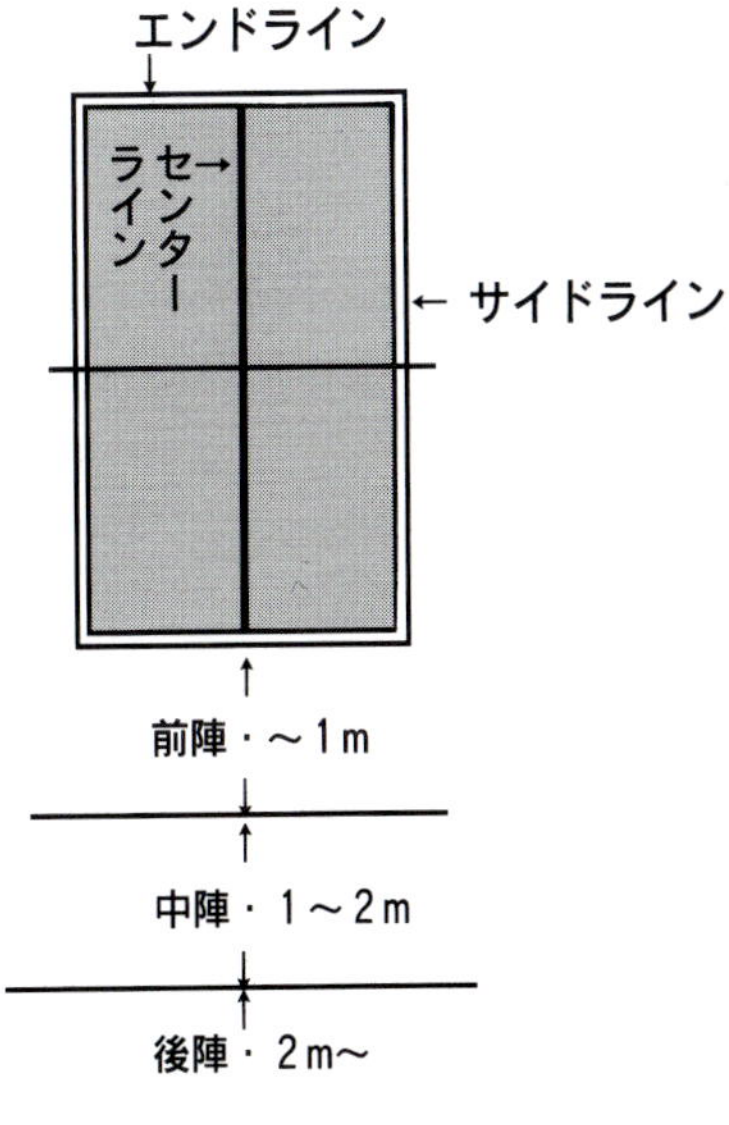

●**スピン**　回転。トップスピン（前進回転、上回転）、サイドスピン（横回転）、バックスピン（後退回転、下回転）、ノースピン（ナックル、無回転）の4種類。実際には、2つの回転をミックスしたもの、たとえば横回転と下回転の混じった「横下回転」のサービス、横回転と上回転の混ざった「横上回転」のサービスなどがある。

●**スマッシュ**　最小の前進回転、最大の前進力（球速）で打つ強打。

●**セット**　ゲームに同じ。正式には「ゲーム」を使う。

●**前陣速攻（型）**　バウンドの頂点か、それ以前の早いタイミングをとらえて攻撃し続けることを「速攻」という。上記のタイミングで連打するには、台の近く、つまり主として前陣でプレーすることになり、「前陣速攻」ともいう。

●**前陣・中陣・後陣**　卓球にはいろいろな打法があり、それぞれに最適打球点がある。最適打球点でボールをとらえるには、「台からどの程度離れた位置」に立つかが問題。これらの位置（台からの距離）を「前陣（台から1m）・中陣（台から1～2m）・後陣（台から2m以上後ろ）」と区分けして呼ぶ。

●**戦型**（せんけい）　得意の戦術・技術は人によって違うが、各人の戦術・技術の特徴によってできる試合の型。戦型の分類は、時代により人により異なるが、一般的には前陣速攻型、ドライブ型（ドライブが主体）、ショート型（ショートが主体）、カット型（カットが主体）、さらには異質ラバー反転型などに分ける。

●**センターライン**　ダブルス用に、コートを縦に真ん中から仕切る幅3㎜の白線。

●**促進ルール**　10分経ってもそのゲームの勝敗が決まらないときに、適用されるルール。略して「促進」。ただし、9－9以降であれば10分経っても促進にはならない。サービスは1本交代となり、サーバーは、サービスを含めて13回打球する間に得点しなければ、相手方の得点になる。促進ルールが適用された後のゲームは、最初（0対0）からこのルールで行う。なお、双方のプレーヤーが合意したときには試合の最初から促進ルールを適用することができる。

【た行】

●**第1バウンド、第2バウンド**　サービスの場合、打球がサーバーのコートにはずむのが第1バウンド、ネットを越えてレシーバーのコートにはずむのが第2バウンド。

●台上ボール　台上でツーバウンドする（ような）ネットぎわのボール。

●多球練習　野球のノックのように、ノッカー（ボールの送り手）がたくさんのボールを用意して、次々とボールを送り、練習者がこれを打ち返す練習法。

●打球点　スイングの途中で、ラケットとボールが、①当たる瞬間、②当たる位置。バウンドのどこで打球するかにより、ボールの上昇期（頂点前）、頂点、下降前期、下降後期に分ける。

●打球位置（打球面）　ボールを打球する部分、または面。たとえば、スマッシュはボールの後部（手前）、フォアに曲げるドライブはボールの右横、というように、打法により、ボールのどこの部分（面）ラケットを当てるかが変わる。

●ダブルス　2人対2人で行う試合。

●団体戦　チーム戦。卓球の団体戦のやり方は男女別々、男女混成などたくさんあり、大会によって違う。

●チェンジエンド　チェンジコートともいう。1試合の中で、競技する場所を交代すること。各ゲームが終わるごと、および最終ゲームにどちらかの得点が5点に達したときにチェンジエンドを行う。

●チェンジサービス　サービスの交代。2点ごと、または10オール後と促進ルール適用の場面では1点ごとにチェンジサービスを行う。

●チャンスボール　（絶）好球、決め球を打つ好球、あるいは勝負をかけるのに適したボールのこと。

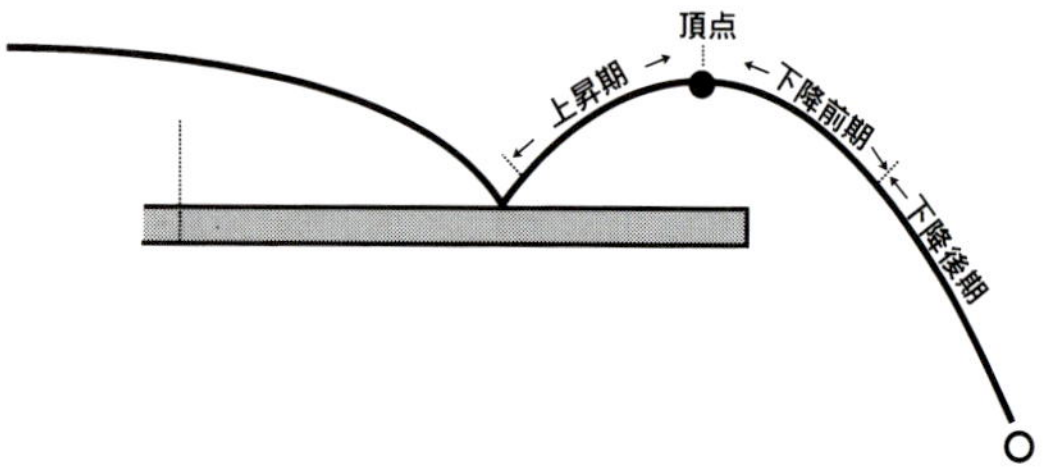

●ツッツキ　カット性のボールを、カットで返す打法。カット打法の一種で、前陣で行う。

●ツッツキ打ち　ツッツキされたボールを攻撃すること、およびその打法。

●ツブ高ラバー　ゴムの厚さは2㎜以内と規定されているが、その範囲内で粒をできるだけ高く（1.4㎜以上）、そして柔らかく作ったイボ（粒）ラバー。ツブ長ラバー、イボ高ラバーともいう。

●テーブル　卓球台。

●同時同速フットワーク　両足で同時に床を蹴って、着地の瞬間に打球する。

●トーナメント　勝ち抜き戦。勝ち抜きで優勝を決める試合方式。

●トップスピン　前進回転。

●ドライブ　ドライブ・ロングの略称で、一定以上の前進回転（トップスピン）をかけて打つロング打法。高性能裏ソフトラバーの開発によって近年はドライブを活用する選手が大変多い。「**ドライブ**」前進回転も前進力も中程度のドライブ一般をさす。「**ループドライブ**」前進回転の特に多くかかっている山なりのドライブ。「**スピードドライブ、パワードライブ**」前進回転もスピードも抜群のドライブ。または前進回転が抜群のドライブ。「**頂点ドライブ**」バウンドの頂点付近をとらえて打つ、打球点の高い（早い）ドライブ。「**カウンタードライブ**」相手が中・後陣でドライブしてきたのを、前陣でハーフボレーのタイミング（バウンド直後）で打つドライブ。

【な行】

●流し打ち　フォアハンドロングの一種で、横回転をかけて、バウンド後に野球のシュートと同じ方向へ大きく曲がる（流れる）打ち方。相手を大きく動かせる利点がある。

●投げ上げサービス　トスを高く投げ上げるサービスのこと。

●二歩動のフットワーク　カットマンが中程度動かされたときに使うフットワーク。バック側でいえば1で左足を少し動かしたあと、2で右足を左足の前に大きく交差させバックカットをするときに使う。

●ネットイン　ネットに触れてから相手コートに入った打球。サービスはレット（ノーカウント）、そのほかは有効打となる。

●ネットプレー　ネットぎわのプレー。

●ノータッチ　ラケットにボールが当たらないこと。

【は行】

●ハーフボレー　バウンド直後をとらえ、台の近くで打つ攻撃打法。

●バック　バックハンドの略称。

●バック（ハンド）側、バック（ハンド）サイド　ラケットを握っていない手の側。右手にラケットを握っていれば、左手側。

●バックスイング　打球前にラケットを持った手を後方にスイングすること。

●バックスピン　後方回転、下回転。

●バックハンド　ラケットを持つ手と反対の側（右手に持っていれば体の左側）で打つこと、またはその打法の総称。

●はらい　フリック。通常、ショートサービスに対して、はらいのレシーブをするときに使う。手首を中心とした小さなスイング（Sサイズ）で打つ。

●ピンポン　「卓球」の呼び名が、昔はピンポン、テーブルテニスなどいくつかあったが、正式にはピンポンとは呼ばない。

●フィニッシュ　フォロースルーの終点。

●フォア　フォアハンドの略称。

●フォア（ハンド）側、フォア（ハンド）サイド　ラケットを握っている手の側。右手にラケットを握っていれば、右手側。

●フォアハンド　①ラケットを持つ手の側（右手に持っていれば体の右側）

フォア前

で打つこと、またはその打法の総称。

●**フォア前**　フォア側のネットぎわ。

●**フォロースルー**　インパクト後のラケットハンドの握り。

●**プッシュ**　①押すこと。②強く押すショート。

●**フットワーク**　足のはこび、足さばき。

●**ふみこみ**　ステップインに同じ。

●**フリーハンド**　ラケットを握っていないほうの手。

●**フリック**　ムチで軽く打つ、軽く払うことをフリックというが、卓球ではネットぎわのボールを手首中心の打ち方で軽くはらうこと。「はらい」「はらう」などという。

●**複合フットワーク**　異なった2種類のフットワークを連続的に行うこと。

●**ブロック**　①止めること。②相手の攻撃球に対して台の近くで守る技。

●**ペア**　ダブルスの「組」。2人で1ペア（組）となる。

●**ベンチコーチ**　ベンチから競技者にアドバイスすること（人）。

●**ペン**　①ペンホルダーグリップの略称。②ペンホルダーの略称。

●**ペンホルダーグリップ**　ペンを握るようにラケットを握る握り方。通常は、親指と人さし指でラケット表面を、残り3本の指でラケット裏面を支える。

●**ペンホルダーラケット**　ペンホルダーグリップの競技者向けに作られたラケット。角型と丸型がある。

●**ポイント**　得点。得点をあげること。

●**ボール**　直径4.0㎝、重さ2.75gで、セルロイドかプラスチックでできている白色または黄色系の球体。日本ではこれを「硬球」と呼び、このほかに軟球とラージボールがある。

●**ボディワーク**　身のこなし。体のさばき、動かし方。

●**ボレー**　相手打球が自分のコート（自領コート）にバウンドする前に打球すること。相手方の得点となる。

【ま行】

●**マッチ**　試合。1試合は5ゲームまたは7ゲームで行われる。

●**回り込み**　バック側にきたボールを、足を動かしてフォアハンドで打つこと。またはフォア側にきたボールを、足を動かしてバックハンドで打つこと。日本では、フォアハンドロングを得意とする人が多く、「回り込み」といえば、通常、前者をさす。欧州選手などバックハンドロングのほうを得意とする人の間では、後者の回り込みがしばしば見られる。

●**ミドル**　フォア側やバック側に対して、体の部分をミドルという。フォアよりのミドルを「フォアミドル」、バックよりのミドルを「バックミドル」という。

【や行】

●**ユニフォーム**　競技用半袖シャツ。

【ら行】

●**4球目**　レシーバーの第2打。

●**ライジングドライブ**　カウンタードライブのこと。

●**ラケット**　ボールを打つための用具。表面にラバーを貼って使用する。

●**落下点**　コート上にボールが落下する位置。

●**ラブ・オール**　「競技開始」を意味する審判宣告用語。

●**ラリー**　サービスから、そのポイントが決まるまで、または中断されるまでの間。

●**リターン**　相手コートに返球すること。

●**両サイド**　バックサイドとフォアサイドの両方。

●**両ハンド**　フォアハンドとバックハンドの両方。

●**両ハンド攻撃**　フォアハンド攻撃とバックハンド攻撃の両方。

●**ループドライブ**　打球後の軌跡が、輪のような型の「山なりドライブ」のこと。

●**レシーブ**　サービスを返球すること。

●**レシーバー**　レシーブをする人。

●**レット**　その結果が得点にならないラリー。ノーカウントともいう。

●**ロビング**　高いドライブボール。守勢に立たされたときに使うしのぎの打法。

●**ロング**　①ロング打法。俗にいう攻撃打法の総称。打球に速さを与えるために一定以上の前進力を加えるとともに、安定性または威力を高めることを狙って前進回転を与えて打つ打法。前進力を主とするものをスピードロング（代表的なものがスマッシュ）、前進回転を主とするものをドライブロング（ドライブ、ループドライブなど）という。②ロングサービス（相手のコートのエンドライン近くに入れる長いサービス）

●**ロングマン**　ロングを主用または得意とする人。

＊参考文献／『卓球指導教本』（大修館書店刊）

入門編
Beginner
3

練習を始める前に

用具と戦型の選び方

ラケット

◆シェークハンドラケット

ラケットとラバーはセットで組み合わせて考えます。ラケットは重さ、とび具合、グリップの形状、ラバーは厚さ、粘着度などを考えます。良いラケットとの出会いは割と少ないもので、使いやすいと思ったラケットは大切に使いましょう。

ラケットの種類は、「シェークハンドラケット」と「ペンホルダーラケット」の2種類あります。

シェークハンドには攻撃用とカット用（守備用）があり、材質は攻撃用は弾力のあるものを使い、カット用は、弾力性の少ないものを使うのが一般的です。しかし、最近では攻撃用、守備用の区別は少ないようです。グリップもストレート、フレアー、アナトミックなどの種類があるので自分の手にフィットしやすいグリップを選びましょう。中国、ヨーロッパの選手はラバーを貼って一七〇～一八〇gくらいのものを使っていますが、日本では一六〇～一七〇gくらいが一般的です。

シェークラケット。上はフレアグリップで下はストレートグリップ

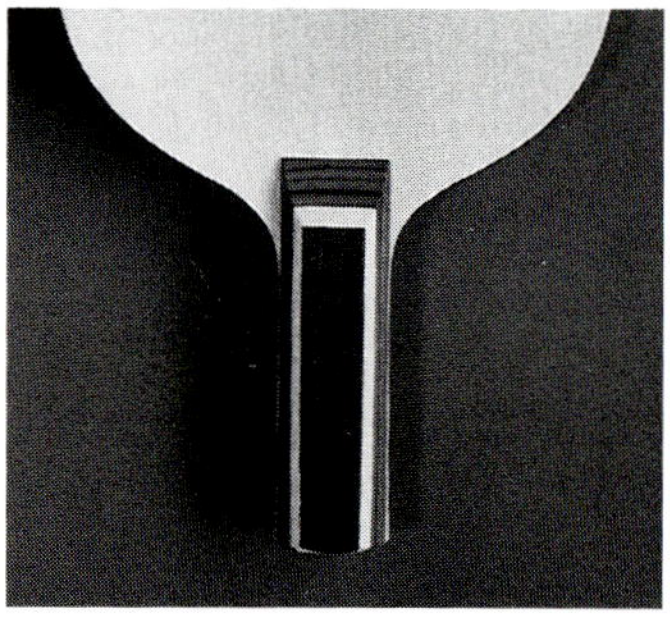

◆ペンホルダーラケット

ペンホルダーには角型と丸型、そして合板（3～7枚）と単板の種類があります。単板のほうがスマッシュの威力が出るのが特徴で、合板は、スイートスポットが広く、ボールのコントロールがしやすいのが特徴です。

角型の長所は、スイートスポットがラケットの先端寄りにあるので、フォアハンドドライブやスマッシュの威力が出ること。丸型の長所はネットプレーとショート系の技がやりやすいことです。自分がどのようなプレーを目指すかによって、丸型、角型を選びます。重さはラバーを貼って一二〇g前後がよいでしょう。日本では一般的には初心者や子供達は軽いラケットで始めて、手首などを保護する考えがありますが、中国では大人と同じ重さのラケットを初めから使用するようです。

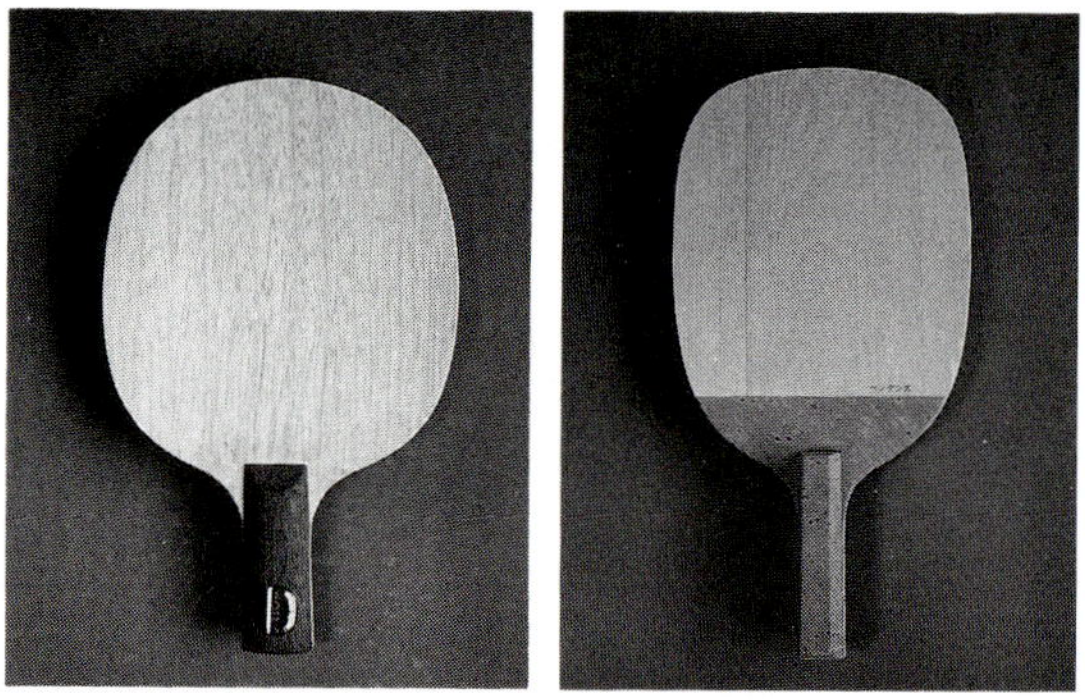

ペンホルダーラケット。右は角型、左は丸型

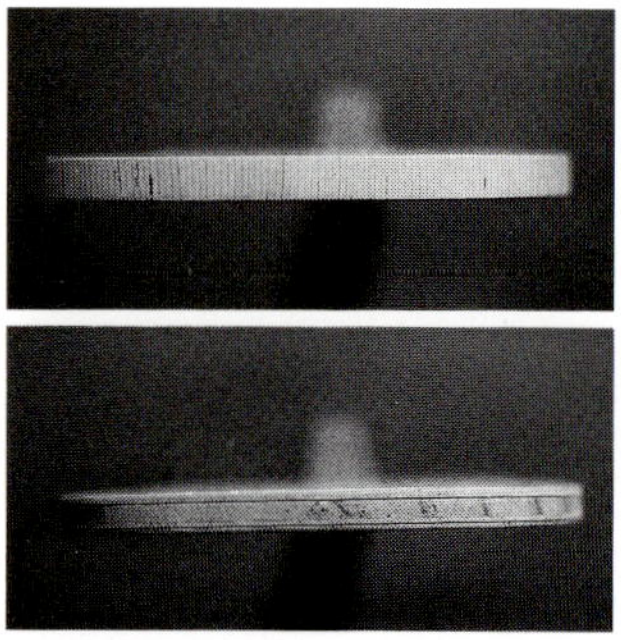

一枚の木で作る単板（上）と何枚かの木を貼り合わせた合板ラケット（下）

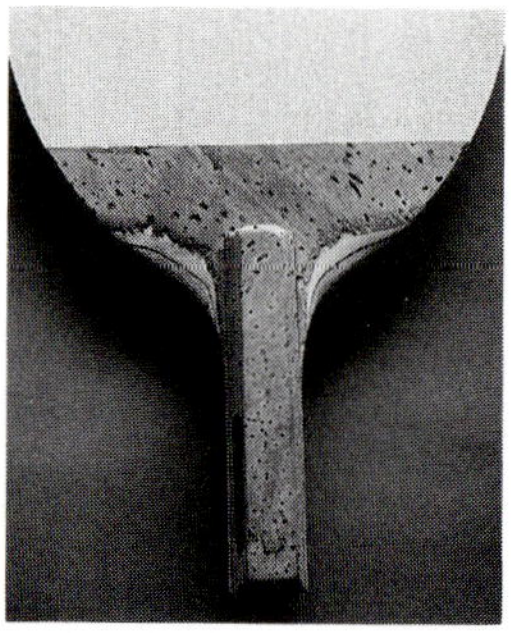

ペンラケットはグリップを削って使おう

ラバー

ラバーには、一枚ラバー（ツブ高ラバーを含む）、表ソフト、裏ソフトの3種類があります。自分の特徴や戦型に合わせたラバーを使うようにしましょう。厚さは、スポンジと合わせても4㎜以内と規定されています。

◆一枚ラバー

普通の一枚ラバーは、一九五〇年代に流行しました。コントロールはしやすいのですがスピンとスピードで劣るために、技の種類が少なくなります。スポンジや裏ソフト系のラバーが出てきたことによって、ほとんど消えてしまいました。

◆表ソフトラバー

スポンジの上に一枚ラバーが貼ってあるものが表ソフトラバーです。特徴は、球離れが早く、相手に早くリターンすることができ、相手に時間的余裕を与えないということです。また、ナックルショート（無回転性のショート）が出しやすく速攻型に向いています。回転量は一枚ラバーよりは多いけれども裏ソフトよりは少ない。最近の表ソフトには、いろいろな種類があり、中国選手などはドライブをかけたりもします。表ソフトの場合は台から離れたら長所を生かせないので、台の近くで戦うことを心がけましょう。

◆裏ソフトラバー

裏ソフトラバーは現代の卓球の主流で、スピンがかかり、スピードが出ます。技術的にもいろいろなことができ、サービス、ツッツキ、ドライブなどで強弱がつけられ、安定性もあります。スマッシュもやりやすく、回転に影響されやすい面も持っています。しかし、裏ソフトにも粘着性が強いラバーと、高弾性ラバーの2種類があります。また、スポンジの厚さや硬さで特徴が変わります。

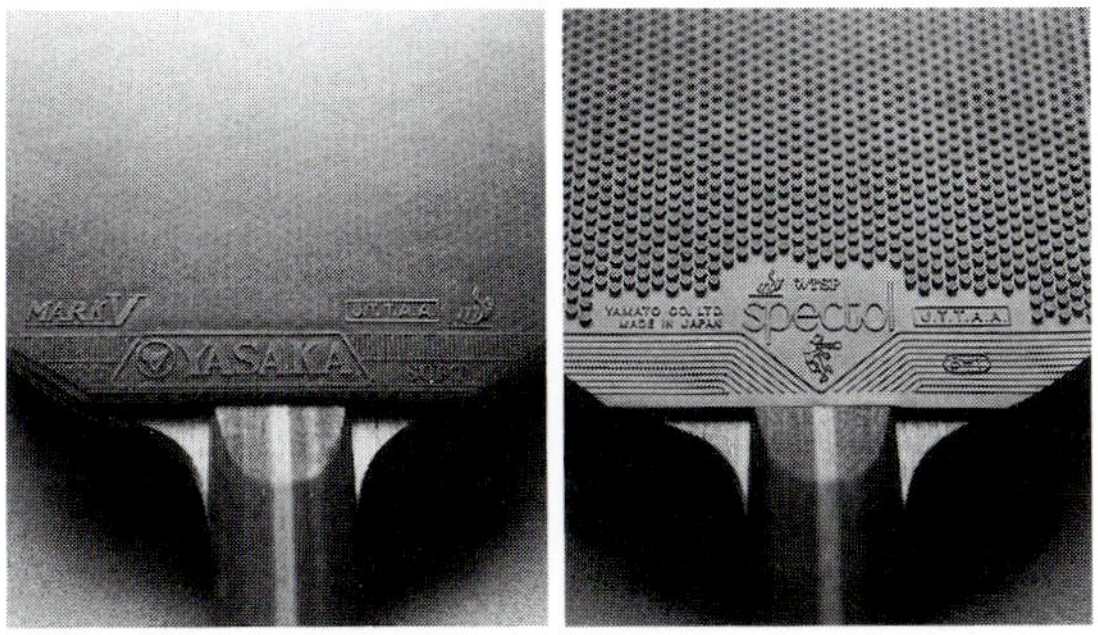

表面がシート状態の裏ソフト（左）と粒ラバーの表ソフト（右）

シェークハンドラケットに両面裏ソフトを貼っている、フランスのガシアンは、ドライブによる速攻が得意。九三年の世界チャンピオン

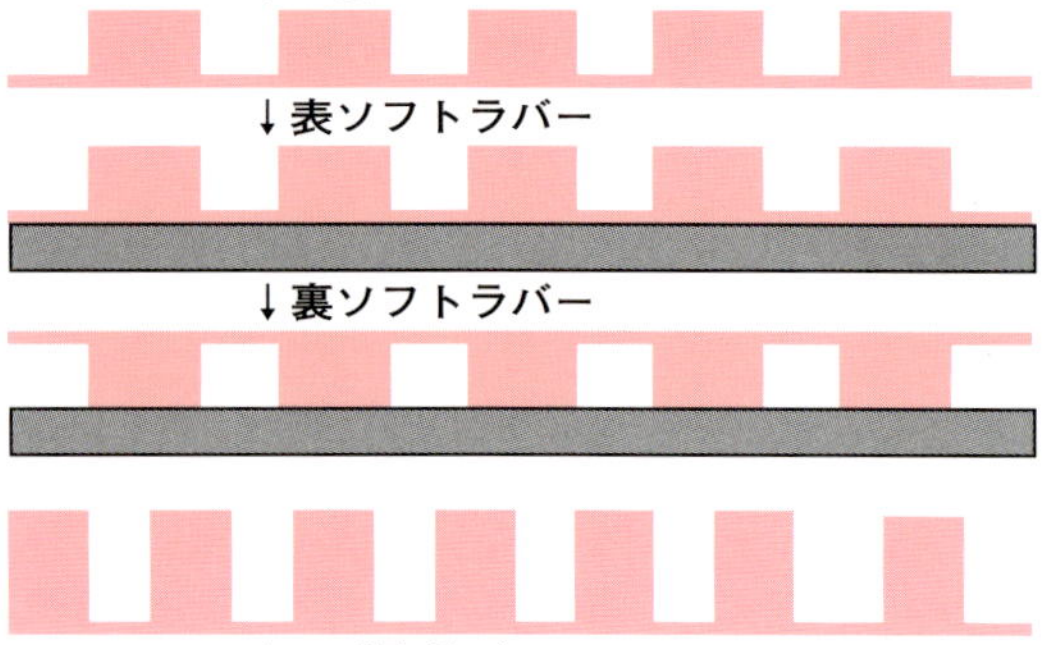

	スピード	回転	コントロール
1枚ラバー	△	△	◎
表ソフトラバー	◎	○	○
裏ソフトラバー	◎	◎	○
ツブ高ラバー	△	△	△
アンチラバー	△	△	○

◆ツブ高ラバー

ツブ高ラバーは中国で誕生した用具で、その長いツブで相手の回転や威力を利用して、変化がつけやすい特徴を持っています。日本では、山下富美代選手が使いこなして、特にヨーロッパの選手に対してよい成績を残しています。反面、ちょっとした角度や力の加減で不安定になり、使いこなすのには時間がかかります。

球質の変化だけで点が取れるので、初心者の段階だと勝ちやすいラバーですが、レベルが上がってくると、なかなか勝つのが難しい用具です。

自分からは回転はかけにくいが、相手の強い回転やスピードに対しては、強い回転で返せる、というのが特徴です。一般的には、ショート型やカットマンというような守備型に使われるラバーです。しかし、かつての世界チャンピオン、中国の鄧亜萍のようにバック面にはったツブ高ラバーでチャンスを作ってからフォアー面の裏ソフトで打つ選手もいました。回転のかかる裏ソフトとの組み合わせで威力を発揮するラバーです。

また、カットマンのバック面に使用されることが多く、渋谷浩選手、松下浩二選手等も使っています。

◆アンチラバー

アンチラバーは特殊加工された裏ソフトラバーです。相手の回転に左右されずにコントロールできます。前進回転のボールや下回転が来ても、あまり打ち方を変えずに相手のコートに入ります。

裏ソフトでありながら裏ソフトとは反対の性質です。回転に影響されずに打てますが、自分のほうからは回転をかけられません。上のレベルの試合ではなかなか勝ちにくいラバーです。ツブ高ラバーよりも、慣れられると、意外性と変化がない用具で、一時的には普及しましたが、その性質がわかってしまうと効果がなくなってしまいました。

梅村礼（文化シャッター）2001、02年全日本選手権女子シングルス優勝。右シェイクハンド両面裏ソフトラバー攻撃型

◆接着剤（スピードグルー）

スピード接着剤と普通の接着剤があります。

スピード接着剤を使うと球離れが良くなり、後陣に下がっても、威力のあるボールが出しやすくなります。この接着剤は揮発性が強いので、塗るとスポンジ全体が膨らみ、それによって弾力が強くなります。だから腕力がなくても比較的威力のあるボールが打てるようになります。しかし、飛び過ぎるためにネットプレーなどがやりにくく、相手のボールにも影響されやすいのが特徴です。

ところが、毒性の溶剤を使ってい

カットマンとしては世界でトップクラスの渋谷浩。フォア裏ソフトラバー、バックツブ高ラバーを使用。安定性のあるカットと反撃が得意。ラリー中にラケットを反転させる

る接着剤の使用が国内では九二年十二月の全日本選手権から、国際大会では九三年一月一日から禁止されました。現在では毒性の溶剤の含まれていないスピードグルーが販売されています。

◆スポンジはアツがよいか、ウスがよいか

ルール上は、ラバーは4㎜までと規定されています。厚いほうが当然ボールの威力は出るし、回転はかかりますが、コントロールが難しい面があります。薄ければコントロールはしやすいけど威力が出にくくなります。長いボールのラリーになれば厚いスポンジのほうが有利、細かいネットプレーとかレシーブなどの小技は薄いスポンジのほうがやりやすいというように、一長一短があります。昔は、初心者の頃は薄いスポンジを使い、うまくなるにつれて、厚いスポンジに変えていくことが多かったのですが、今は、中国、ヨーロッパのように最初から厚いものを使って慣れさせたほうがよいという考え方が一般的です。

戦型から考えてみれば、スマッシュを多用する選手は薄くて硬めのスポンジ。守備型の人も薄いほうが安定しやすく、攻撃タイプの人、スピン中心の人は、厚いものを使うほうがよいでしょう。女性の場合は、前・中陣でプレーすることが多いので「中」程度のものを使うことが多いようです。

また、スポンジには「皮付き」という種類があります。これは、スポンジの上（ラバーシート側）、もしくは下の面に、スポンジを焼きあげたときの表面のやや硬い部分がついているラバーで、他のものに比べて少し硬い感触を持っています。弾力のやや強いスポンジです。

Q&A

Q・ラバーはどのくらいで替えたらよいでしょうか？

A・練習時間、内容によって違いますが、裏ソフトの選手は3～4週間くらいで替える選手が多いようです。替える目安としては、ボールの表面が白くなってきたり、ボールのひっかかりが悪くなってきたときに替えます。スポンジとシートがはがれてしまったときも、当然替えなければいけません。

表ソフトの場合は、ツブの表面のざらざらとした布目が減ってきたり、ツブが切れたときに替えます。表ソフトでも裏ソフトと同じ3～4週間くらいでしょう。ツブ高は、ツブが切れやすいので少し早めに替えます。

入門編
Beginner
4

練習を始める前に
戦型と用具の組合わせ

シェークハンド

◆攻撃型

攻撃タイプは主に合板ラケットの両面に裏ソフトを貼り、ドライブやスマッシュを使うことが多いのですが、速攻タイプの人は片面をツブ高や表ソフト（主にバック側）にすることもあります。

前陣でのプレーを中心にしたい人や速攻タイプの人はやや硬めのラケットがよいでしょう。中陣でのドライブプレーを目指す人にはやや柔らかめのラケットが適しています。

シェークハンドグリップは相手のミドル攻撃に対する対応にやや難点があるものの、バックハンドが振りやすく、両ハンドで台を広くカバーできるのが長所です。バックハンドの強打やドライブ等の色々な技を生かすことが大切です。

シュラガー（オーストリア）。2004年世界選手権男子シングルス優勝。右シェイク両面裏ソフトラバー攻撃型

朱世赫（韓国）。2004年世界選手権男子シングルス第２位。右シェイクカット型フォア面裏ソフトバック面ツブ高ラバー

◆守備型

カット型の場合は2つのタイプに分かれます。ひとつは変化カット＋攻撃タイプ。バック側をツブ高ラバーにしてドライブ処理をやりやすくして、カットの変化をつけて、フォアの裏ソフト面で攻撃するタイプ。もうひとつは、両ハンド攻撃ができ、カットの安定性のある両面裏ソフトのタイプ。これはオールランド型のカットタイプに適しています。裏ソフトラバーについては攻撃型に比べれば、カットの変化がつきやすいやや粘着性の強いものを使うのが一般的です。

ペンホルダー

◆裏ソフト攻撃型

ペンホルダースタイルはアジアに多い型で、特徴としては、フォアハンドのドライブやスマッシュの威力が出しやすく、反面、バック系の技術が難しいことです。現代卓球では、バックの弱いペンホルダー選手は、バックの強いシェークハンドに勝つのはたいへんです。ペンホルダー型の選手は、それを覚悟した上で取り組んだほうがよいでしょう。フォアハンド主体で攻めていく中で、バックハンドをいかにして克服していくかがペンホルダーのポイントになります。

タイプとしては前・中陣からのドライブとスマッシュを中心とした型

西飯由香（健勝苑）。2001年、大阪世界選手権日本代表。姉の美幸と組んで全日本ダブルス3連覇。右ペン表ソフトラバー攻撃型

末益亜紗美（日本生命）。2004年、全日本選手権女子シングルス第2位。右シェイク異質ラバー攻撃型

馬淋（中国）。2003年、世界選手権男子シングルスベスト8。右ペン両面裏ソフトラバー攻撃型

と、前・中陣で、スマッシュを中心としたスピード攻撃型のタイプ（女子に多い）に分けられます。裏ソフトの場合でも、スピンを多く使うのではなく、前・中陣でスマッシュを多く打てるタイプもこれからおもしろい型になるでしょう。

　また、ラケットの裏面にツブ高や裏ソフトなどのラバーを貼り、そのままのグリップで裏面を使った技を取り入れシェイクに対抗しています。

◆表ソフト速攻型

　表ソフト使用者は、前・中陣で攻めの速さや打球点の早さで戦います。その場合、ショート技術が重要です。打たれたときのブロック、またショートで前後左右に揺さぶってからの強打がこのタイプの重要なポイントです。バック側をバックプッシュで攻める速攻型、バックハンドを振る両ハンド速攻型の二つのタイプがあります。しかし、最終的には表ソフト使用者も裏ソフト使用者も、バックハンドが振れないと、行き詰まってしまいます。

　一九九三年の世界選手権の女子シングルスのチャンピオンはペン表ソフト速攻型の玄静和（韓国）選手です。彼女はペン速攻型でも世界で活躍できることを証明しました。

◆ペンの裏面バックハンド

　中国がシェークに対抗するために開発したバックハンド打法で、ラケットを持ち替えずに裏面に貼った裏ソフトで相手のツッツキをドライブしたり、フォアに飛びついたあとに裏面で強打していくものです。

入門編
Beginner
5

練習を始める前に

性格・体型と戦型の関係

◆粘り強いタイプか短期集中タイプか

十人十色と言うようにいろいろな性格の人がいます。大別すると3つのタイプに分けられます。集中力があり、試合では勝負強いが、やや気分にムラのある人と、明るく素直であるが案外あっさりしている人と、真面目で我慢強いが試合になると実力を出しきれない人。カット型は1ポイントのラリーが長いので、体力があって粘り強さが必要になります。

ところが実際に成功したカットマンがそのような性格かというと、一概にはそう言えません。しかしこのプレースタイルは前後、左右に動かされたり何本もラリーでねばられたりするので我慢しなくては勝てないのです。戦術的に攻撃を加える場面での攻撃はよいのですが、苦しさに耐えられず攻撃してしまうのでは勝てません。速攻の選手でも、気が短いからといって何でもかんでも打ってしまっては勝てないし、当然つなぎのボールが必要で、先に攻められてしまった場合はブロックも必要です。

総体的にカット型やドライブ型は粘り強さが必要です。速攻の選手は比較的ラリーが短いので短期集中型のほうがよいかもしれません。卓球は技術の前に心と心の戦いですから、やられたらやり返すくらいの積極的な気持ちをもたなくてはなりません。また、「好きこそモノの上手なり」という諺《ことわざ》があるように、卓球が好きになることはとても大切で、イヤイヤやっていたのでは強くなれません。自主的に練習することも大切です。

それと感性。自分がよいプレーをしたときなど、ナイスプレーと喜びを感じること。また、ゲームを観戦していて、そのプレーの素晴らしさを自分が感じ取り、自分もあのようになりたい！　と思うことも大切なことです。

◆背の低い人は前陣型、背の高い人は中陣型、守備型に適している

体の特性に関しては、まず身長が

福原愛（グランプリ）。右シェイクハンド攻撃型。ラバーはフォア面裏ソフトバック面表ソフト

低いとそれだけで不利な面はたくさんあります。ネットぎわの小さいボールの処理もやりにくく、大きく長いボールのラリーになれば、リーチが短く、歩幅が小さいので、威力のあるボールも出しにくい。こういう人は、前陣でしかも速いラリーで、短いラリー回数で決着をつけるプレーがよいでしょう。

　一般的には身長の高い人は動きが遅いと言われますが、最近では日本選手も身長の高い人が多くいます。そしてヨーロッパ選手のように両ハンドの攻撃型の戦型もたくさんいます。またカット型などは背の高い人のほうが有利です。小さくても運動能力があり、体力もあるのならカット型でも十分やっていけます。

　女子でも一五〇cm以上、一六〇cm前後あれば理想です。しかし、一番大事なことは、そういう不利な点をいかにして克服していく努力をするかということです。鄧亜萍（中国・世界、オリンピック1位）のように体は小さくても研究、努力して、その体を有利性に利用してチャンピオンになった人もいます。体が小さくてもチャンピオンになれる、ということを証明したわけです。

Q&A

Q・表ソフト速攻型にはなぜ丸型ラケットがよいのでしょうか？

A・速攻型はネットプレー（台上プレー）が多くなるので、角のあるラケットよりも、角がない丸いラケットのほうがやりやすいのです。フォア、バックの切りかえも丸型のほうがやりやすいからです。

◆自分の特徴に合った用具選び

用具を選ぶときに気をつけたいことは、上手な人が使っているものだから、自分にもいいだろうと思って使ってしまうことです。それより大切なことは、自分の卓球スタイルに合った用具を選ぶことです。つまり身長、得意な技、スイング等により使う用具は異なるということです。

　表ソフトラバーは、雨が降っているときなどは湿気が多いのでボールが落ちやすいです。チョークの粉などを塗って湿気をとることも必要です。

　冬の試合ではスポンジもラバーも硬くなって、引っかかりやボールの飛びが悪くなります。ポケットカイロなどをラケットケースの中に入れておいて、ケースの中が温かくなるようにするのもひとつの方法です。また、ウォーミングアップのときにふところにラケットを入れ、体温で暖めておくのも一つの方法です。寒いと手の感覚も鈍くなるので手袋は必ず持って歩きます。このようなことは、小さなことですが目に見えない部分で敗戦の原因になりかねません。

　大切なラケットを投げたり、床の上にそのまま置いたり、ケースに入れないで、そのままカバンに入れたりすることはよくありません。ラケットに対して愛情を持つこと、細かい点（ラバーがはがれそうだとか、端が欠けたなど）にも気配りすることは大切です。自分のラケットは自分の手と同じですから。

◆長所を引きだす用具

自分のエースボールが打ちやすく、長所が出しやすい用具、つまり、ラケットとラバーの組み合わせを選びます。フォームや力の加減でボールをコントロールするのではなく、フルスイングでスマッシュやドライブが狙った所に入りやすい、それが一番その人に合った用具です。適している用具を使っているときはスイングに不自然さがありません。

　自分に適した用具を選ぶひとつの方法としては、ラケットを何本か用意して、ラバーの商標を切って、どのラバーか分からないようにして、それをはって打ってみる。その中で自分が一番感覚のいいものを選ぶ。なぜかというと、商標がついていると先入観が働くからです。これが難しい場合はお互いにラケットを貸し借りして打ち合うことです。自分のラケットよりやりやすければ同種の用具を使うとよいでしょう。

　また、ときどき自分の用具をチェックしましょう。トレーニングなどで、筋力がついてくると、ラケットも少しずつ重いものにして威力を出していくことも必要です。

入門編
Beginner
6

練習を始める前に
グリップは基本の第一歩

〈シェークハンドグリップ〉

シェークハンド

◆握手するように握る。ニュートラルグリップから始めよう

握手するようにラケットを握るのがシェークハンドグリップです。ナイフとフォークを使い、握手の習慣のあるヨーロッパで発展し、日本やアジアでも増えています。

シェークハンドではフォアハンドがやりやすいフォアハンド型グリップ、バックハンド型グリップ、ニュートラルの3つに大別できます。スウェーデンではニュートラルからフォアハンド型グリップの間を勧めるそうです。

初心者はニュートラルなグリップをめざしましょう。握り方も、柔らかく、多少あそびがあって握りの加減がしやすいグリップです。サービスのときやネットプレーのときに、指を移動し少し変えたグリップでプレーしたほうがよいでしょう。

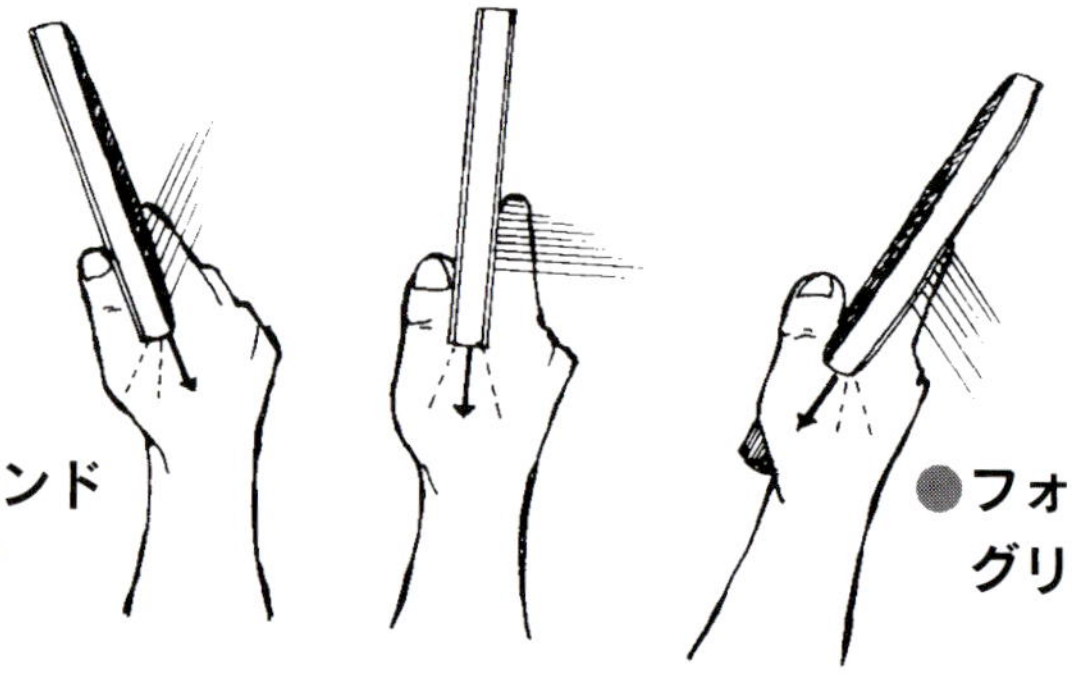

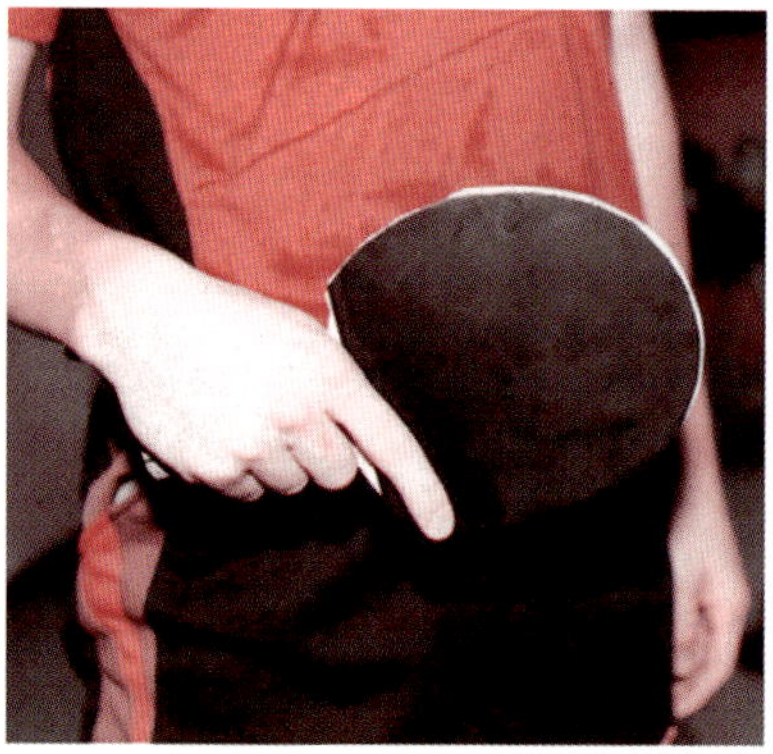

ワルドナーのグリップ。ワルドナーはプレー中にグリップを「スリップ」させ、技に適したグリップを作る名人

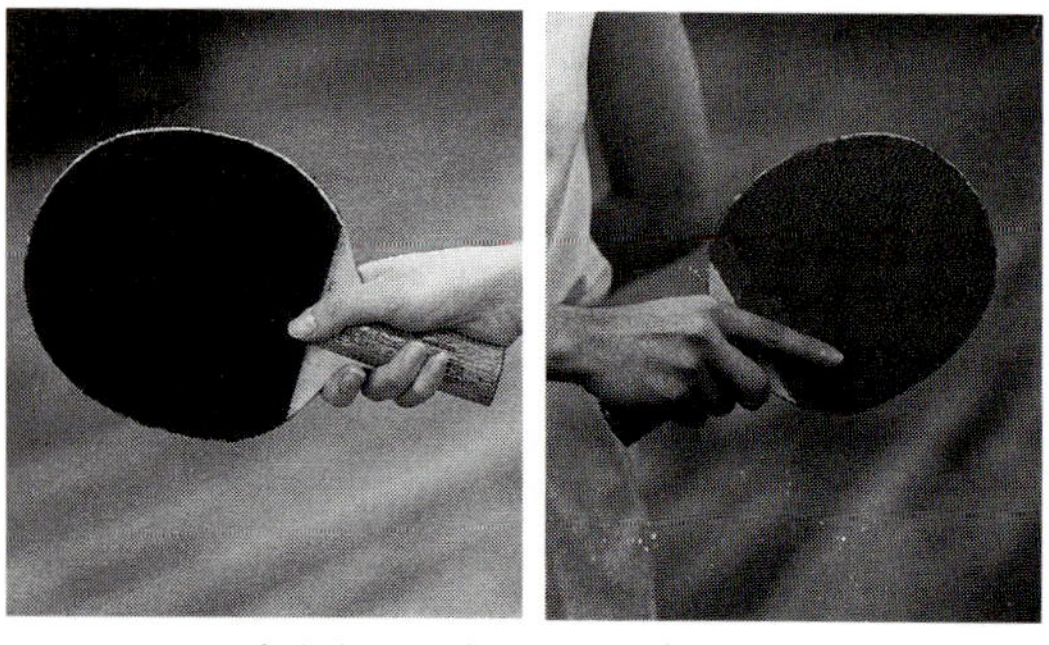

カットマンの内山京子選手のグリップ

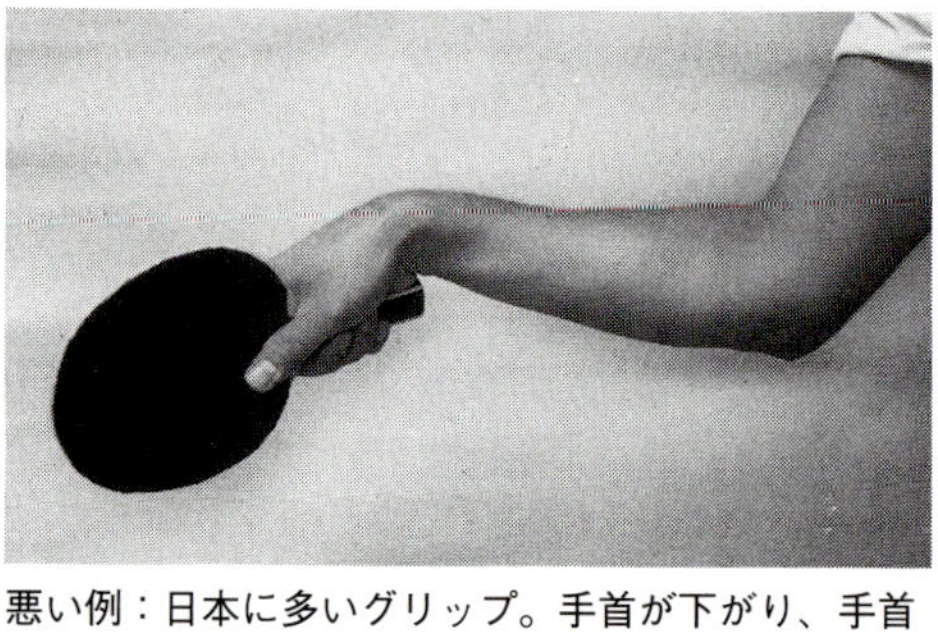

悪い例：日本に多いグリップ。手首が下がり、手首が内側に入っている。バックハンドが打ちづらく、フォアハンドも左右に打ち分けるのがやりにくい

ペンホルダー

◆日本人に適したグリップ

日本人や他のアジアの国は食生活でハシを使うことが多く、このペンホルダーグリップはアジア独特のグリップとして発展しました。ゆえにこのグリップは日本人に適したグリップとも言えます。手首が使いやすく、サービスでは回転をつけやすく、ネットプレー、フォアハンドでは強打を打ちやすいグリップです。

親指が深く入るのは一般的にはフォアハンド主戦のグリップと言われていますが、韓国の選手はこのグリップでバックもうまく打ちます。それは、裏面の指の横腹をラケットにつけているからです。よくないグリップは力を入れ過ぎて握ったり、手首が硬くなってしまう握り方です。基本的には鉛筆を持つように、ソフトに握らないといけません。

悪い例：裏面の指の腹がラケット面についたグリップ（右）と指が離れたグリップ（左）ではバック系技術と切りかえが難しい

星野美香のグリップはフォアの強打と両ハンドの切りかえがやりやすそうな握りだ

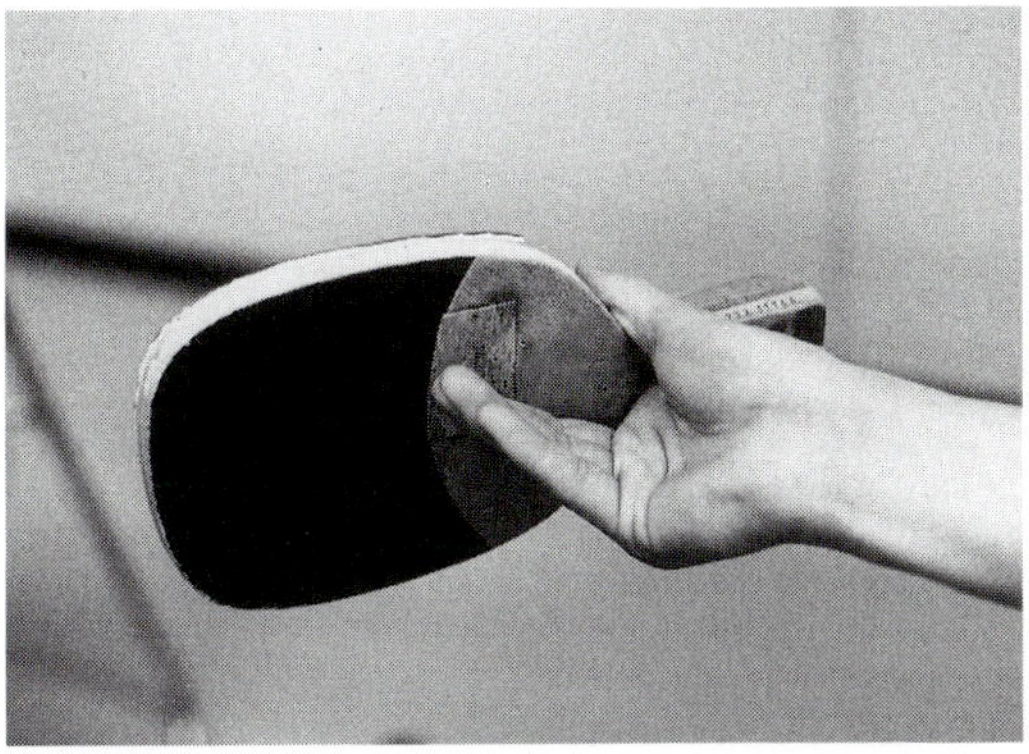

金擇洙（韓国／キム・テスク）のグリップ。フォアのドライブがやりやすく、なおかつバック系技術もこなせる握り

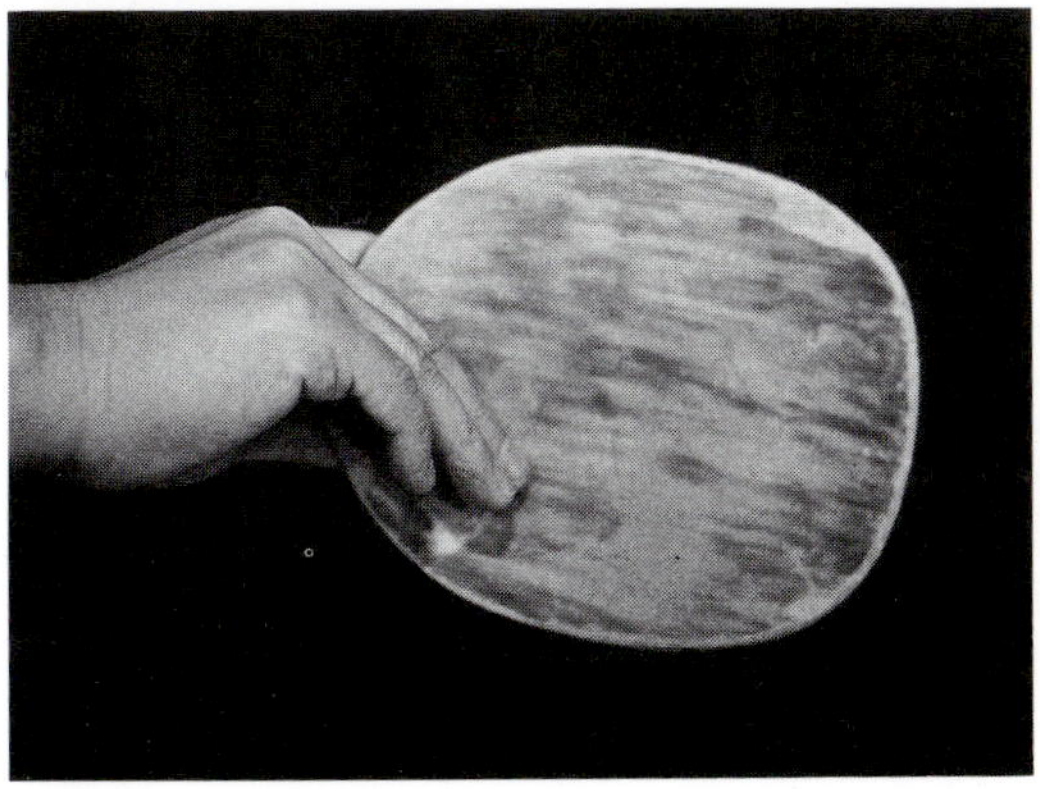

速攻型の河野満（コウノミツル／一九七七年世界チャンピオン）のグリップ。裏面の指の横腹がラケット面についている。バックハンド、流し打ち、台上プレーがやりやすい

入門編
Beginner
7

練習を始める前に
ラケットとボールで遊ぶ

まずラケットの上でボールをついてみる

遊技で卓球の技と集中力を身につける

日本では、遊ぶ感覚で卓球をやるということが苦手なようです。ヨーロッパでは、遊び感覚から新しい技が生まれたり、それがその選手の個性に発展していくことがあるそうです。

小学生低学年では遊び感覚で卓球をやることが大事です。二・七五gのかるいボールだけど、これだけいろいろなことができますよ、という楽しさを味わってもらいたいと思います。

ラケットとボールを使った遊技（遊び）を試してみましょう。ボールコントロールや集中力、体の柔軟性を身につけ、ウォーミングアップにもなるのがこのボール遊びです。ピンポン球でヘッディングしたり、足でけり上げたり、という体全体を使った遊び感覚でやりましょう。日本でも、ケン玉という日本独特の遊びがありますが、仲村錦治郎選手（九二年オリンピック代表）は、小学生の頃、ケン玉で集中力や、力の抜き方などを覚えました。ラケットでボールをついたり、スーッとラケットの上にボールを乗せたり（ボールを殺す感覚）というものを体で覚えるのです。台を離れたところで、卓球をする準備をしながら、卓球と結びつけた意識を作ることができます。

また、卓球台が少なくて、練習時間が取れないチームでは壁打ちなどでラケットとボールの打球感覚を養うこともできます。また、廊下などでサービスの回転などを覚えることもできます。

仲村錦治郎（グランプリ）

体の後ろでボールをつく

ラケットのフチでもボールをつく

ラケットでボールをつきながら歩いてみる

高くついたボールをラケットの上で止める。
力の抜き方を覚えよう
＊このほかにも自分でいろいろなボール遊びを考えよう

足の外側からラケットを内側のほうに通し、ボールをつく

足を上げ、足の下にラケットを通し、ボールをつく

入門編
Beginner
8

練習を始める前に
ウォーミングアップとクールダウン

◆故障の予防、体と心の準備

練習前の一番大事なことは練習に対する体と心の準備です。体全体の筋力をほぐす、筋肉を暖めることによってケガ、故障などを防ぐ、これからやる練習の体と心の準備をするのがウォーミングアップの目的です。「準備をしているんだ」という意識を持つことが大事です。故障の予防、体と心の準備、という意味で、毎日の練習前や試合前に必ず準備体操・ストレッチというウォーミングアップをして、練習のエンジンがかかりやすいようにしておきましょう。ゲームでエンジンのかかりの遅い人はほかの人より時間をとり、多目にウォーミングアップをしましょう。

普段の練習の時のウォーミングアップはジョギングやストレッチ体操など15分くらいやります。音楽をかけてリラックスして体操をするのもよいでしょう。ストレッチはカセットに号令を録音しておいて、それに合わせてやるのもよいです。または少し体が暖まってからのほうが効果的なので、軽いジョギングの後に行います。

また、練習後のクールダウンとして、ストレッチ、マッサージ等も必要です。時間内でできない場合は家に帰ってお風呂の後でもできます。翌日に疲れがのこらなくなります。

また、練習後のマッサージも時間を作り、実行したいものです。部員同士で簡単にできますし、やっておくと翌日の疲労感が全然違います。

軽いジョギングのあと、体操をする

左手で右ひじをつかみ、引っ張る。体の側面のストレッチ

曲げた腕のほうに引き寄せる

後ろで手を組み、そのまま体を前に倒す

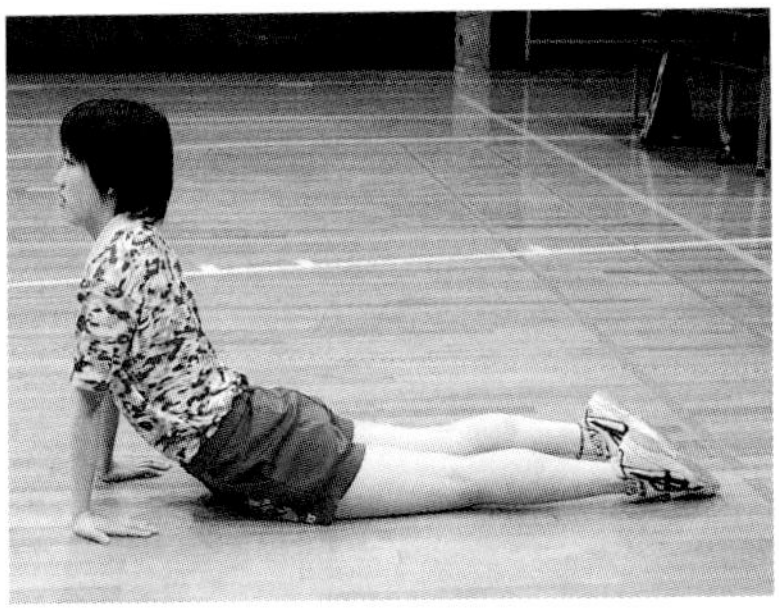
上体をそらし、腰を伸ばす

背中を床につけたまま、足を交差させる

足を組み、上体をねじる

前に伸ばした足の先を両手で持ち、ゆっくりと体を倒す

足を開き、足と反対側の手で足のつま先を持ちながら体を横に倒す

足を開き、体を前に倒す

あおむけの状態から足を頭のほうに伸ばす

あおむけの状態で、足を曲げる

床にひざまづき、そのまま両腕を前にして体を倒す

練習後はストレッチとマッサージなどのクールダウンで次の日に疲れを残さないための良い方法です

技術編
Technic
1

基本ストローク

◆卓球は瞬間的なスポーツ

卓球のサービスの回転にはいろいろな種類（上回転、下回転、横下回転、ナックル等）があり、レシーブにもいろいろな方法（ツッツキ、ショート、フリックなど）があります。また卓球はフォアハンド、バックハンドなど、技をいろいろ組み合わせて行う球技です。したがって、技のいろいろな基本的なストローク（打法）や感覚を身につけて、しかもその中で自分の得意な技を高めなければなりません。

しかし、あまり基本や型にこだわりすぎるのはよくありません。卓球というのは、瞬間的なスポーツなので、型が崩れ応用的に打球することもあります。そこをよく理解して、基本打法を練習することが大切です。

◆スイングは楕円《だえん》を描く

スイングの形というのは、最近では直線とか三角ではなく、楕円を描くというのが基本のようです。

卓球というのは、主にボールに回転を与えて、ネットを越し相手のコートにバウンドさせる競技です。スイングを直線的に打ってしまったら、ボールは直線として飛んでいってしまい不安定になります。ですから、スイングの円運動がボールの円運動（回転）につながり、安定性のあるボールを打つことになるのです。

スマッシュ以外はツッツキにしてもショートにしても、円運動が基本です。よく言われる三角形を作って（基本姿勢→バックスイング→インパクト→フィニッシュ）打ちましょう、というのではなく、スイングの円運動の中で、ラケットの動き全部がつながりを持っている、つまり楕円運動の中で、もどりもあり、バックスイング、インパクト、フォロースルーがあります。その円運動の形はその人の身長やラバー、相手のボールによって、いろいろな形になるわけです。斜めの円もあれば水平に近い円もあり、その形は決まっていないので型にはめることはよくありません。とっさの場合などは楕円運動にならないときもあります。

❹インパクト。ラケットとボールが当たるところは体の前

❺フォロースルー。打ち終わったあとのラケットは顔の前を通るように止まる

❻フィニッシュ。フォロースルーの最終地点がフィニッシュ。ここから基本姿勢にもどる。一連の動きは楕円運動になっている

スイングが楕円運動を描くことにより、ボールは孤を描き安定して相手コートに落下する

フォアハンドロング（江加良／コウカリョウ・中国、1985、87年世界チャンピオン）

❶基本姿勢からバックスイングへ。台よりも高いラケット位置からラケットを引き始める

❷ボールのバウンド地点を予測しながらラケットを引く

❸バックスイングの最終地点。ボールは自分のコートにバウンドし、ここからフォアスイング

基本ストローク
フォアハンド技術を身につけよう

❹フォロースルー。打ち終わったラケットは顔の前を通る

❺フォロースルーから基本姿勢にすばやくもどるが、ラケット位置はあまり下に下げない

❹インパクトにかけてのフォアスイング。回した腰をもどす回転運動と、曲げたひざを上に伸ばす力を利用。腕はしなるように振られ、ボールに強い前進回転をかける。打球点は頂点か、頂点の少し後。右足から左足に重心を移動中にインパクト

❺フォロースルー。振り終わったあとはなるべく早く次の基本姿勢にもどる

フォアハンドロング（佐藤利香／サトウリカ）

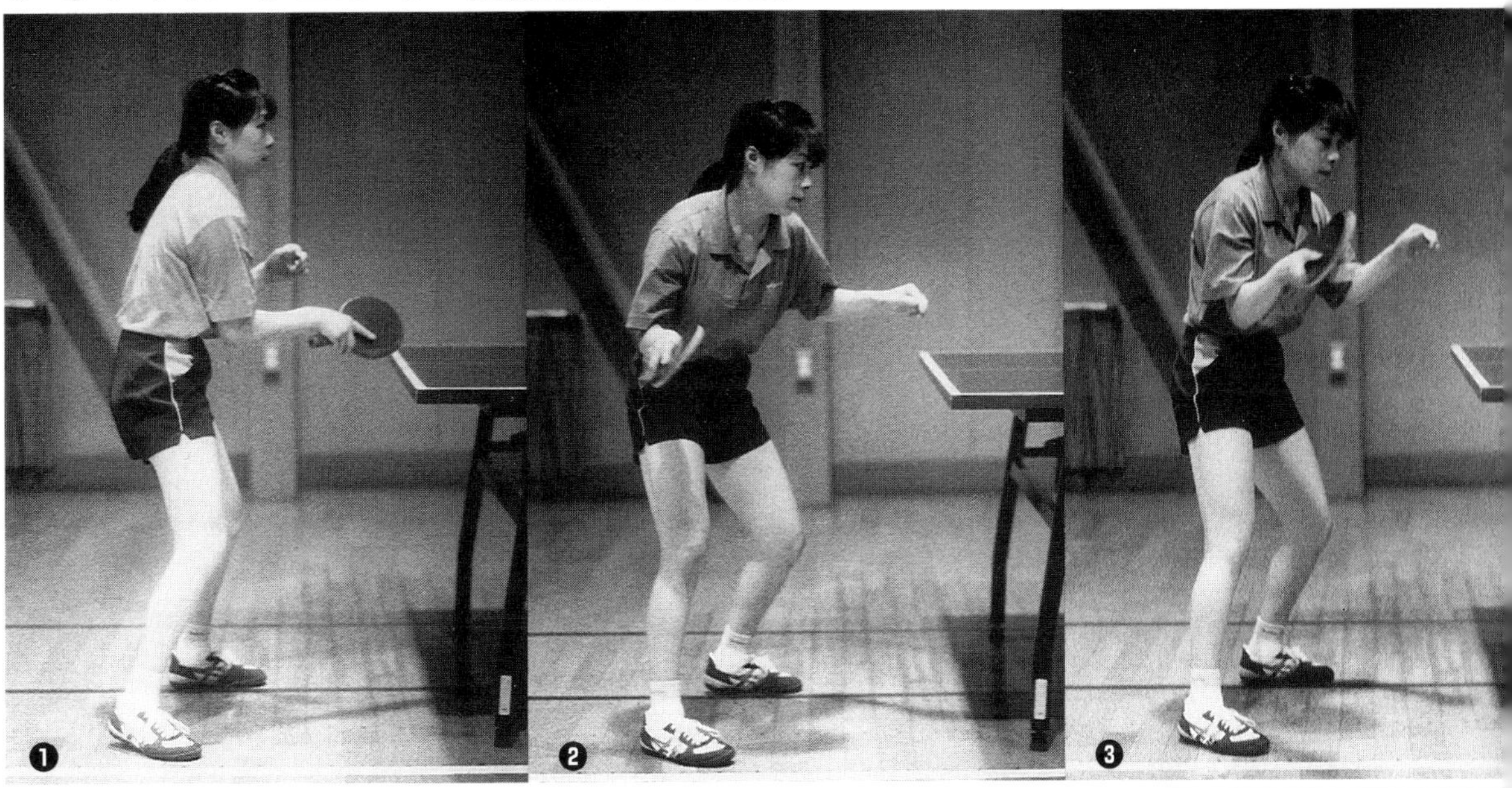

❶重心の高い基本姿勢でボールを待つ。ラケットは下げない

❷バックスイング。基本姿勢からラケットをまっすぐうしろに引く。腰を少し回し、右足に重心を少し移動。やはりラケットは下げない

❸インパクト。重心を左足に移動しながら体の前でボールをとらえ、鋭くミートする

フォアハンドドライブ（橘川美紀／キツカワミキ）

❶基本姿勢でボールを待つ。ボールの球質、バウンド地点が予測できるまで、バックスイングはとらない

❷ボールの回転量、バウンド地点がわかった時点でラケットを引き始め、腰を回しながら、ひざもやや曲げる

❸下回転ボールに対しては時間的余裕があるので、ラケットは大きく引き、フリーハンドは前方向に残す

フォアハンドでいろいろな打法を使い分ける

〈ボールに対するラケットスイングの方向〉

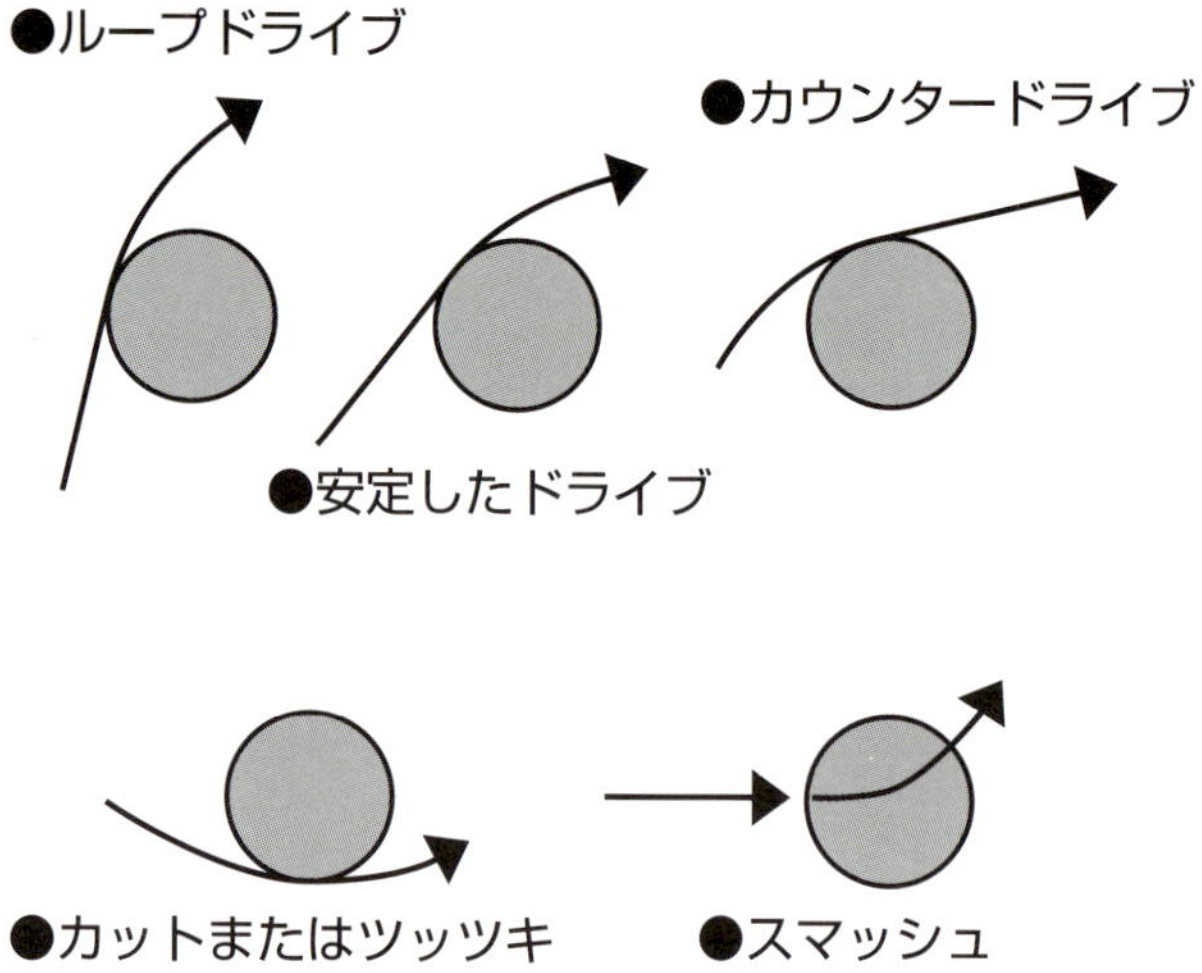

右足の蹴りと体の回転でボールに威力を出していく。ボールに対して直線的にインパクト。打球点は頂点付近

フォアハンドカウンタードライブ（相手のドライブをドライブで打ち返す技）

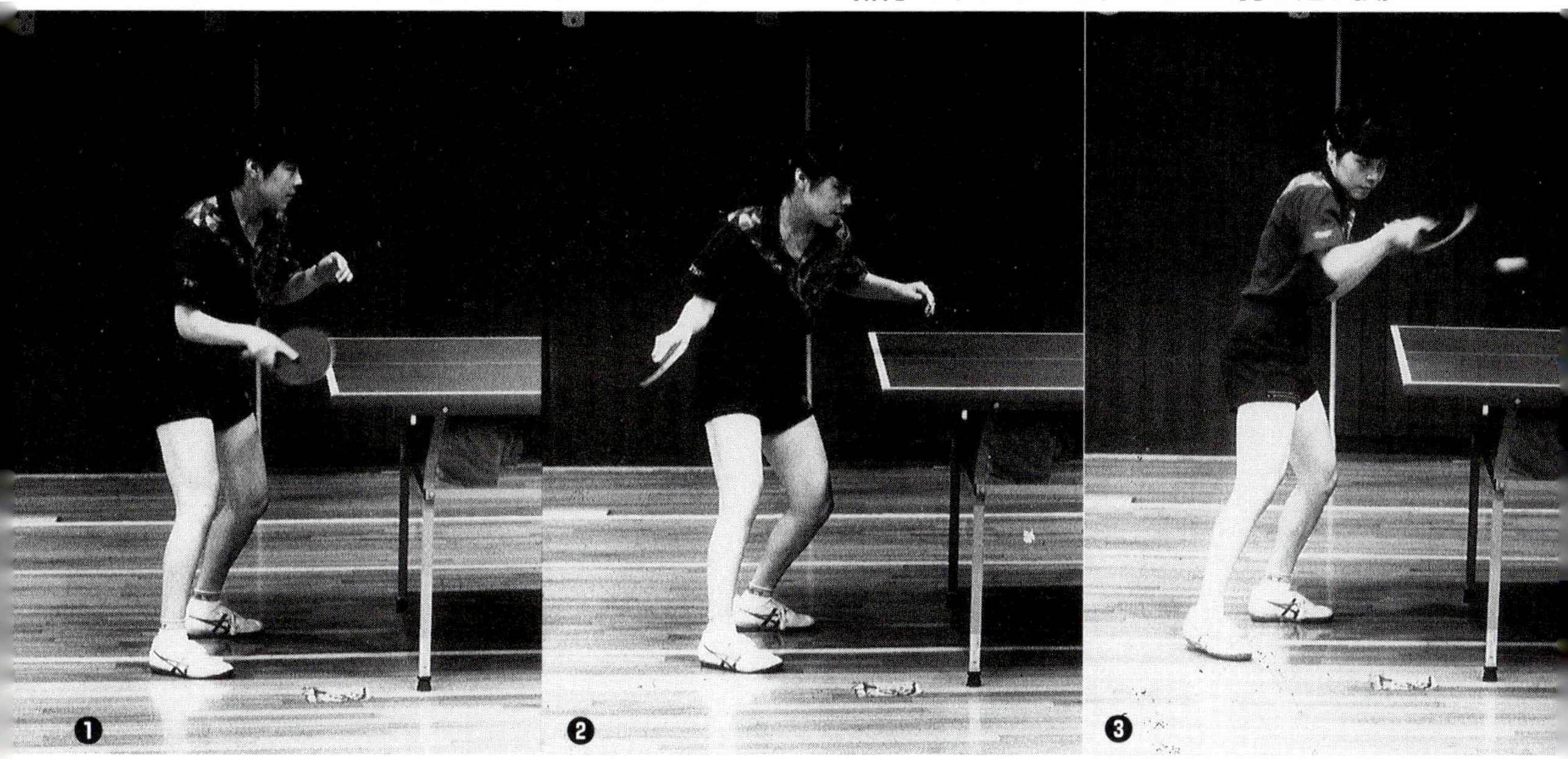

❶基本姿勢でボールを待つ　❷ボールのバウンド地点を予測しながらラケットを引く。バックスイングは大きくとらず、ラケット位置も高い　❸インパクトはボールが自分のコートにバウンドした直後。手首はあまり使わず、ボールの上部を打球し、前方向に振る　❹フォロースルー。ラケットはネット方向（前方向）に振られているのがわかる

フォアハンドスマッシュ

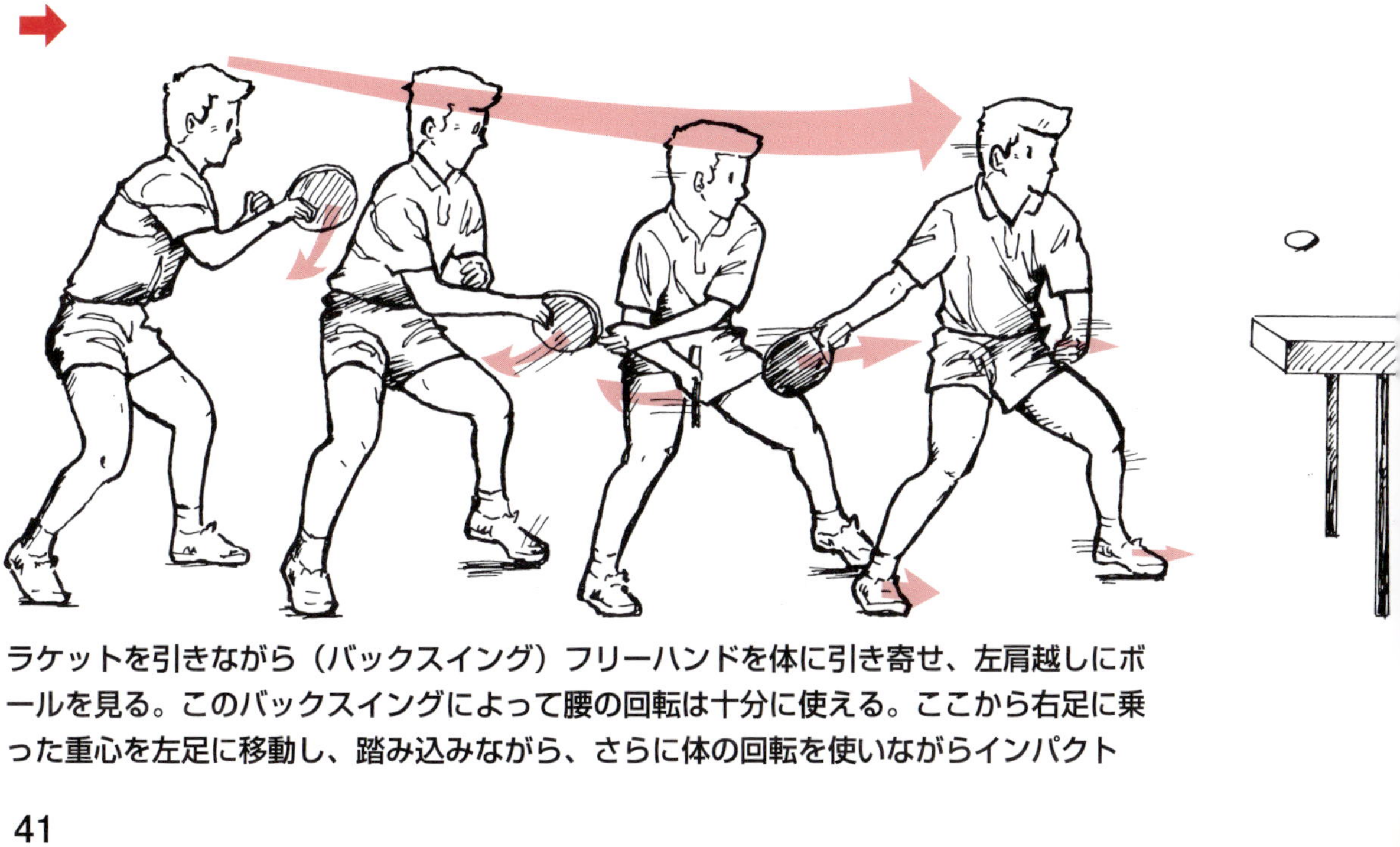

ラケットを引きながら（バックスイング）フリーハンドを体に引き寄せ、左肩越しにボールを見る。このバックスイングによって腰の回転は十分に使える。ここから右足に乗った重心を左足に移動し、踏み込みながら、さらに体の回転を使いながらインパクト

基本ストローク
バックハンド技術に挑戦

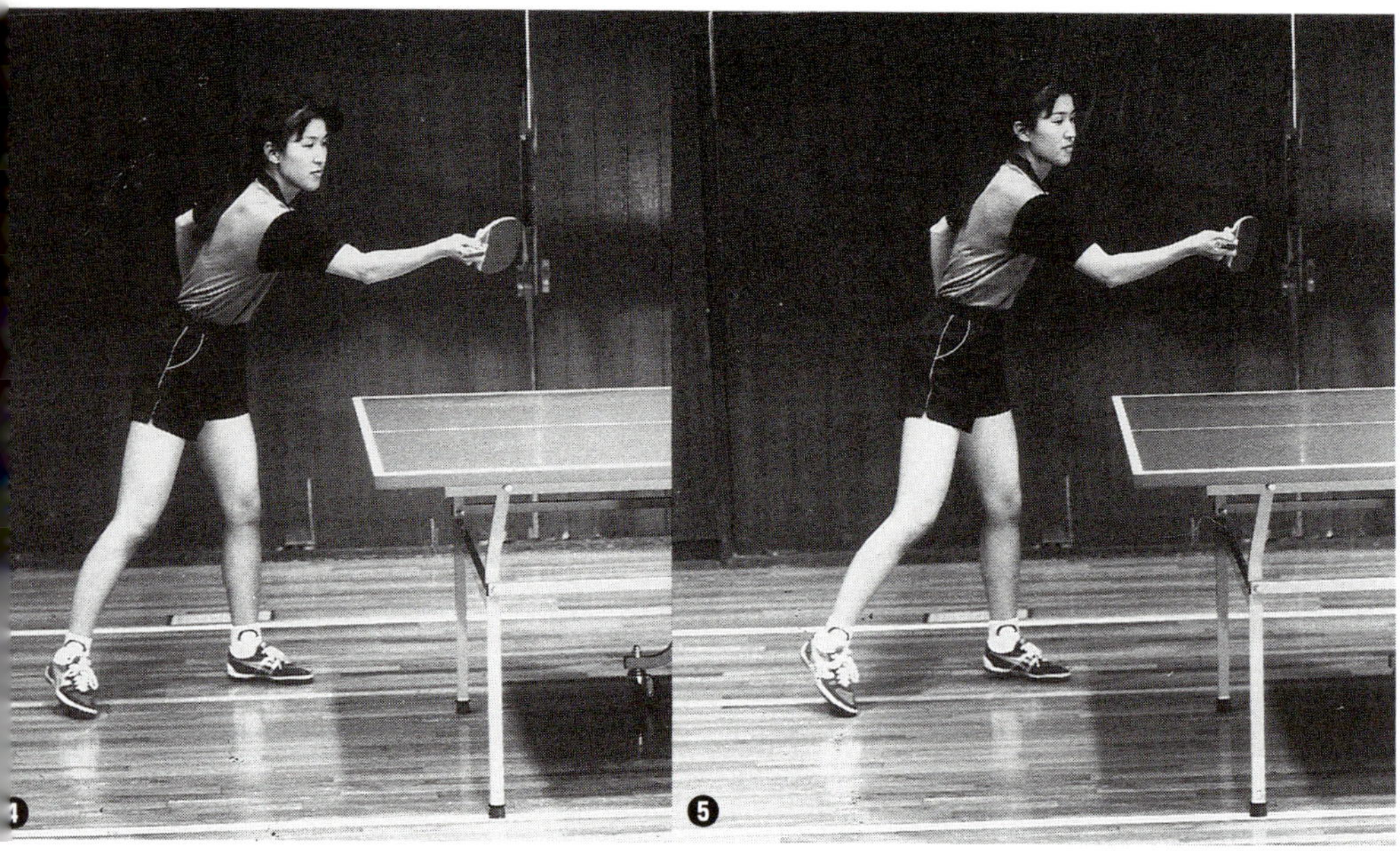

❹❺フォロースルーはボールを追いかけるように。しかし、フィニッシュでは伸ばしたひじを元にもどすようにして基本姿勢に早くもどる。打球点は右腰前方から体の中心付近までで、それより外側は左足を動かし、その範囲内で打球するよう心掛ける。また体とあまり近すぎてもボールに食い込まれ、ミスの原因となる

ペンホルダーのバックハンド
（田崎俊雄／タザキトシオ）

➡ペンホルダーのバックショート

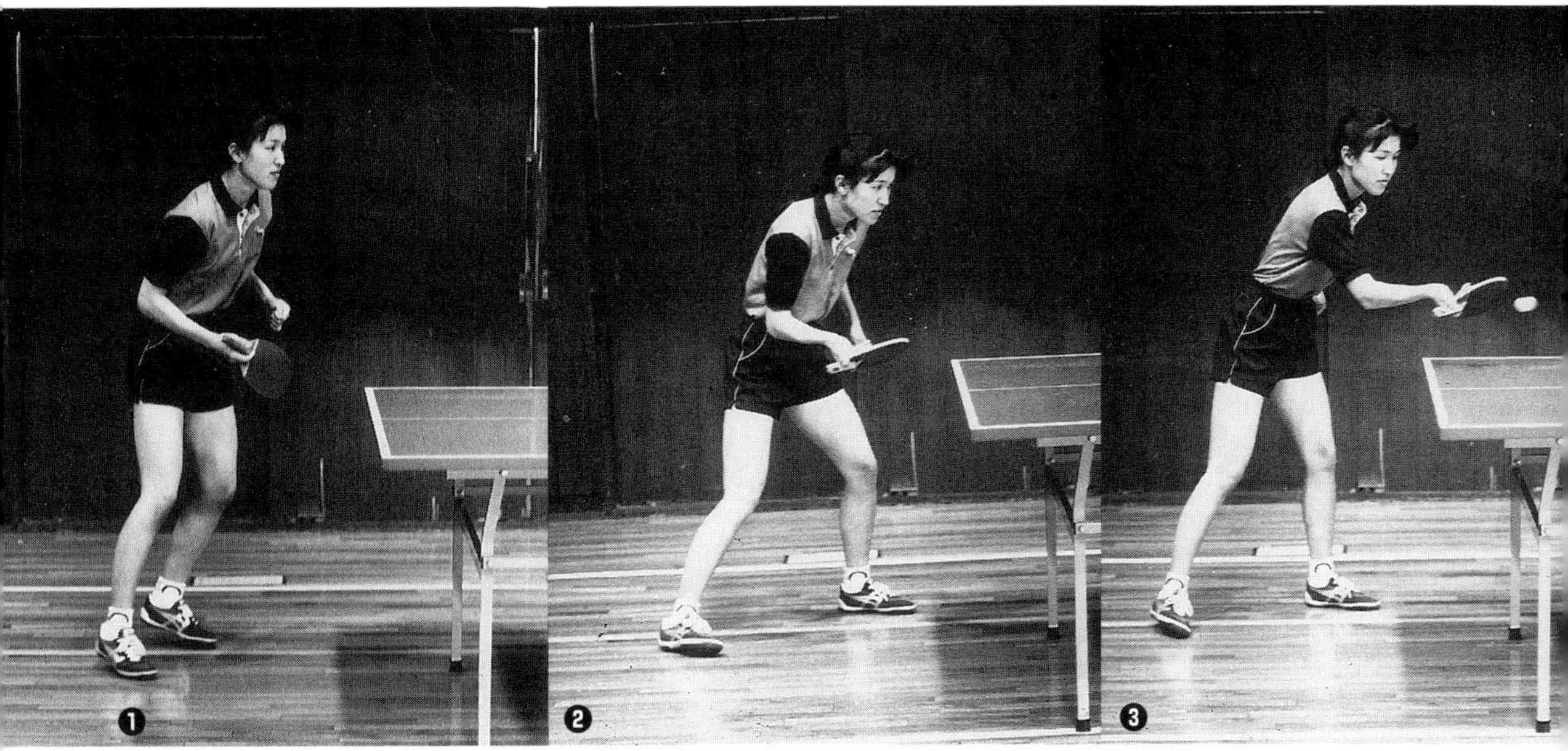

❶重心の高い基本姿勢で待つ。最初からバックしか使わない、という姿勢ではなく、フォア側に来ても打てるという構えが大切

❷バックスイング。親指をラケット面から離し、ラケット角度を前傾させる。ひじは軽く曲げ、ラケットは台より高く構える

❸前方向に押しながらも軽くはじくようにインパクト。バックスイングで軽く曲げられたひじを伸ばすような運動

❶〜❺ボールを待つときの基本姿勢でラケットを高く保ち、そこからボールに合わせてバックスイング。フリーハンドは体の前に高く置くようにして、スイングするための空間を作る。❻❼インパクトは左腰の前付近。ひじを中心にしたスイングでフィニッシュは顔の横あたりにくる

基本ストローク

得点を狙うためのバックハンド

シェークハンドのバックハンドハーフボレー

❶基本姿勢。ラケットの位置も重心も高い。ラケットは体からやや離し、振れるだけの空間を作る。❷ボレーの球質、バウンド地点を見極めながら、バックスイングを開始する。❸バックスイングの最終地点。ここからフォアスイング（前へのスイング）が始まる。フリーハンドが打球の加速に役立つように利用し、ひじは体から離し、ラケット角度は前傾を保っている

バックハンドをマスターしてオールラウンドな卓球を楽しもう

❹インパクト。ひじとラケットは一直線になり、直角に近い角度でボールに対する。ひじが体から離れているために楽に振れる。❺シェークハンドのバックハーフボレーのスイングはひじを中心に、前方向に振る。❻振り終わった後、ここからすばやく基本姿勢にもどることが大切だ

バックスイングと同時に深くひざを曲げ、そのひざの伸び上がり、体の反り（背筋力）、体のひねり、ひじを支点にしたスイングでパワフルなバックドライブを打つ。ヨーロッパにはこのようにバックドライブのほうが得意で、バックドライブがエースボールの選手もいる

バックハンドドライブ（マズノフ）

バックハンドスマッシュ（チャン・タンルイ／香港）

❶基本姿勢でのラケットの位置は高い。❷❸でバックスイング。右肩を前に突き出すようにして、体をひねっている。❹でインパクト。ひじに加え、肩も使い、スイングサイズを大きくしながら、威力を出す。❸でひねられた体を❺でひねり返す。❻で力強いフォロースルーとフリーハンドの使い方に注意

裏面バックハンドドライブ
（王浩／中国）

ペンホルダーの裏面バック打法といっても、打ち方はシェークのバックハンドと同じ。❶でバックスイング。ツッツキに対しての打法なので、ひざを曲げ、重心を落とす。❷～❸でインパクト、ペンの裏面に貼った裏ソフトでのドライブ。ひざを伸ばしながらの上への力とひじ、肩の力を最大限に使う。❹でフィニッシュ

王浩のラケット裏面を使ったサービス

◆ペンの新しいスタイル

ペンホルダーはシェークハンドよりもバックハンドが打ちにくい、よってフォアに頼りすぎてしまうと言われてきました。ところが最近、中国では若手のペンホルダー選手が裏面に裏ソフトを貼り、反転させずに、裏面でサービスを出したり、バックドライブ、バックハンドスマッシュをしたり、という「裏面打法」に挑戦しています。ペンホルダー選手は、このような技術や、裏面に異質ラバーを貼り、従来のような反転技術などの変化攻撃も研究して、技の種類を広げましょう。

バックがフォアよりも強くても構わない

基本ストローク

安定したツッツキを身につけよう

フォアハンドのツッツキ

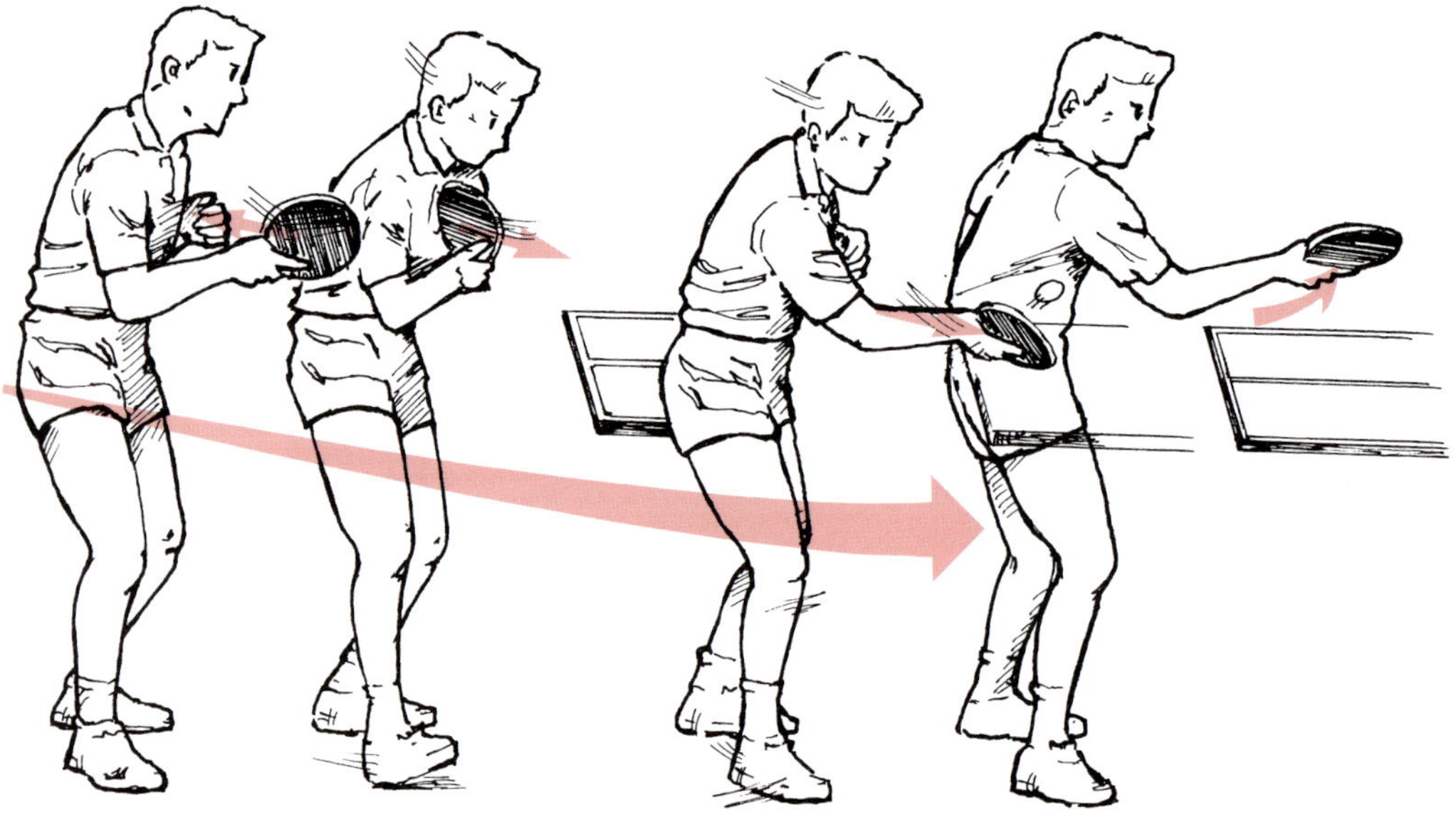

基本姿勢からバックスイングは小さく、ななめ後ろの方向に引く。相手のボールの回転量に合わせながら、ラケット面を作る。相手のツッツキが切れているときはラケット面を寝かせるようにして、相手のツッツキがあまり切れていない場合はラケット面をやや立てて、押すように当てる。打ちたい方向にラケット面を出し、ボールの下部を打球する。右足を小さく踏み込むが、打球後にすばやく基本姿勢にもどることを忘れずに

◆ツッツキは準備球

ツッツキという技術はフォアハンドロングやバックショート、ハーフボレーなどと同時に覚えたい基本的技術です。そして、基本技でありながら、奥の深い技で、試合ではこの技術が勝負を分けることもあります。あまいツッツキは相手のチャンスボールになってしまい、良いツッツキは次の自分のチャンスボールを作ります。コースや回転の変化と、意外性を増せば、それだけでかなり有利となります。

張怡寧（中国）。2005年世界選手権シングルス第１位。右シェイク両面裏ソフト攻撃型

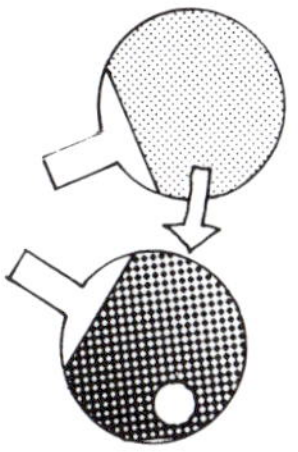

切るツッツキ

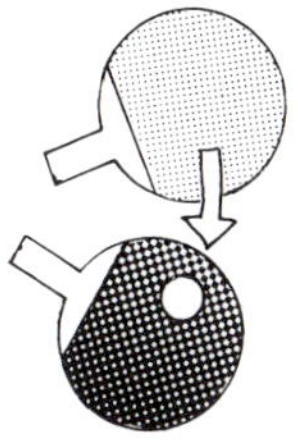

切らないツッツキ

ツッツキはラケットのどこに当てるかで回転の変化がつけられる。先端よりに当てれば切れるし、左よりに当てれば切れない

バックハンドのツッツキ

❶基本姿勢から右足を軽く踏み込みながら、ボールに体を寄せていく。打球点は頂点か頂点を少し過ぎたところ。常に体の正面でボールをとらえることを心掛ける。❹でボールの下部をこする。❺フォロースルーは短くしてすぐに踏み込んだ足をもどしながら基本姿勢にもどる。ラケットに当てる部分を変えることにより、回転の変化をつけることができる（イラスト参照）

POINT　常に体の正面で打球しよう

変化のあるツッツキをマスターしよう

基本ストローク

❶〜❹フォア前のショートサービスに対して、左足を大きく踏み込む。ボールのバウンド地点に左足のつま先を合わせている。❺❻でボールの反発力を生かしながら、かつ勢いを吸収するようにネット際にストップ。ボールのバウンド直後をインパクトし、ボールの底をわずかにしゃくるように打球。目の前でボールの回転を確認するように体をボールに寄せていく。最近ではインパクト時グリップを瞬間的に強くにぎり、切るストップが多用されている。ストップは相手コートでツーバウンド以上しなければ効果はない

ボールの外側を打球するツッツキ。写真の選手は左利きなので、ラケットは左から右へ動き、ボールの右外下を打球している。相手のサイドを切ることが大切。打球点はバウンド後上昇中が望ましい

❶から❸まではふつうのツッツキをするようなラケット角度を出し、❹❺のインパクトで急に角度を変えて、サイドスピンのツッツキ。瞬間的にラケットを左から右に動かし、ボールの右外下を打球。相手のサイドラインを切るのがベスト。打球点はバウンド後上昇中が望ましい

フォアハンドのストップ性のツッツキ（星野美香／ホシノミカ）

POINT　ボールの勢いを殺し、相手コートでツーバウンド以上するように

サイドスピンのツッツキ（河野文江／カワノフミエ）

POINT　相手のサイドラインを切る

サイドスピンのツッツキ

POINT　打つ直前まで相手にわからせない

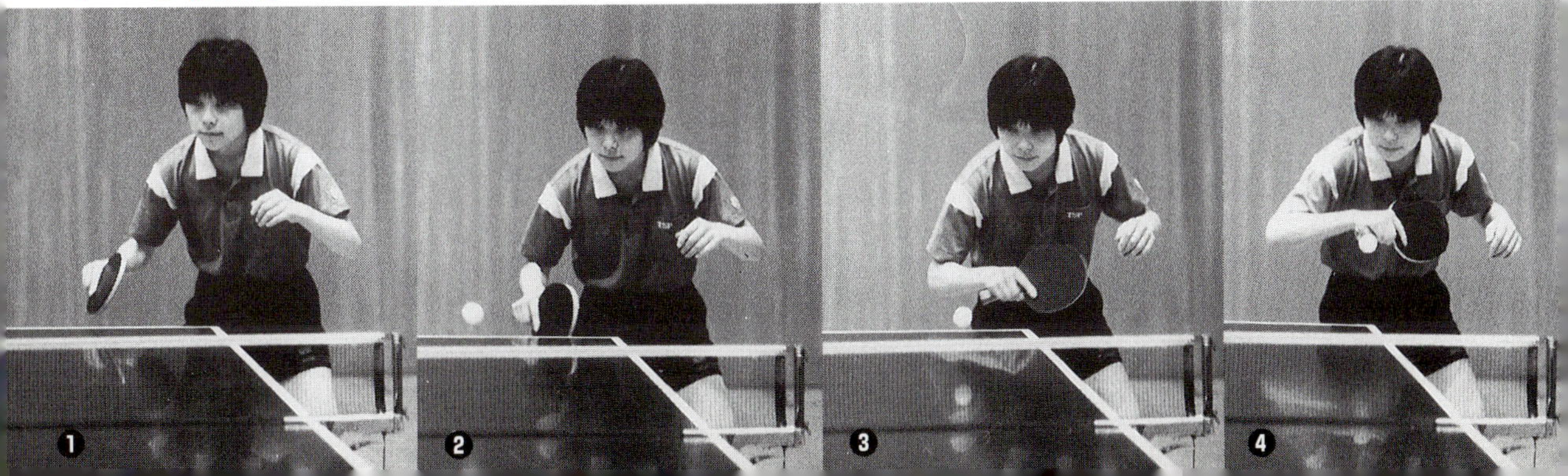

ひざを曲げながら腰付近でインパクト。
ボールに回転を与えながら前へ押す

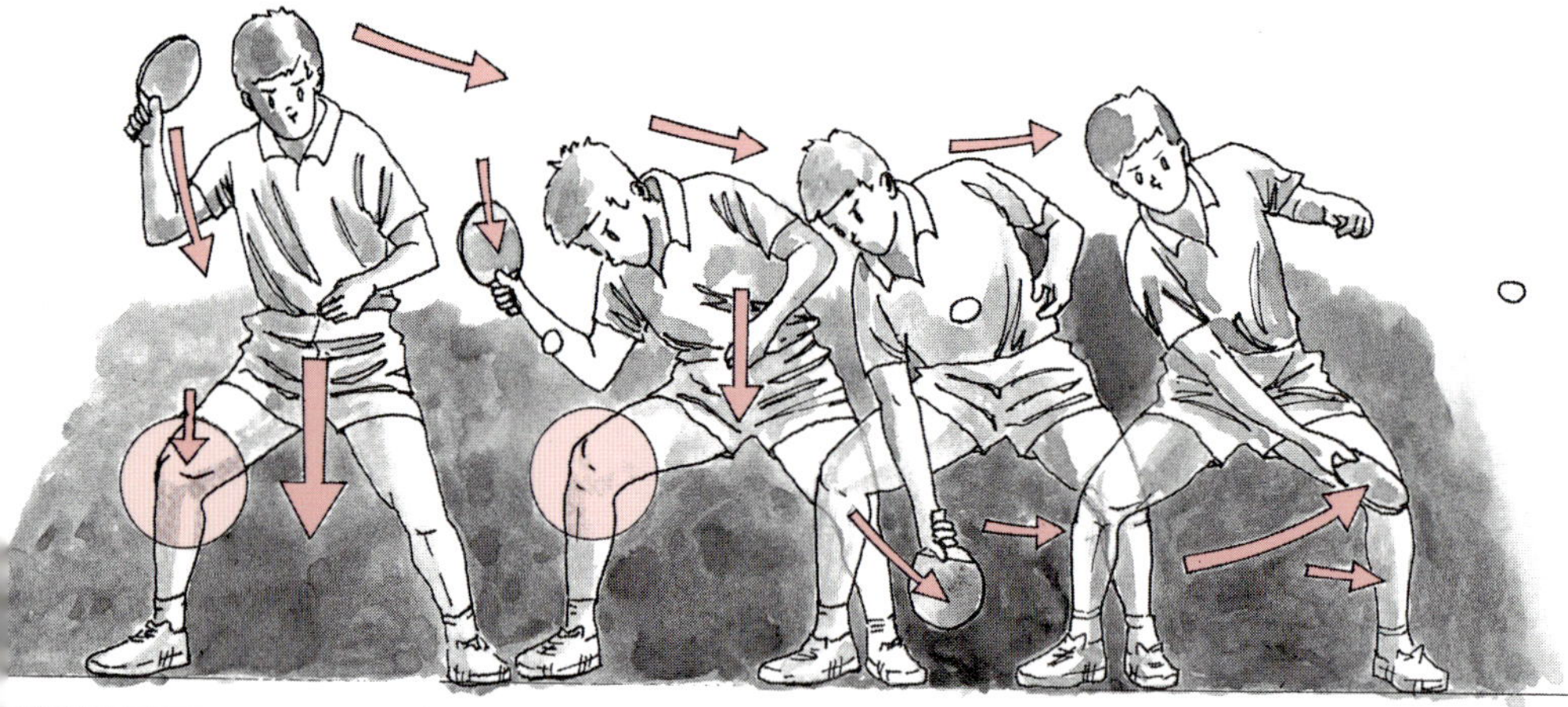

基本ストローク

カットは守備プレーの基本

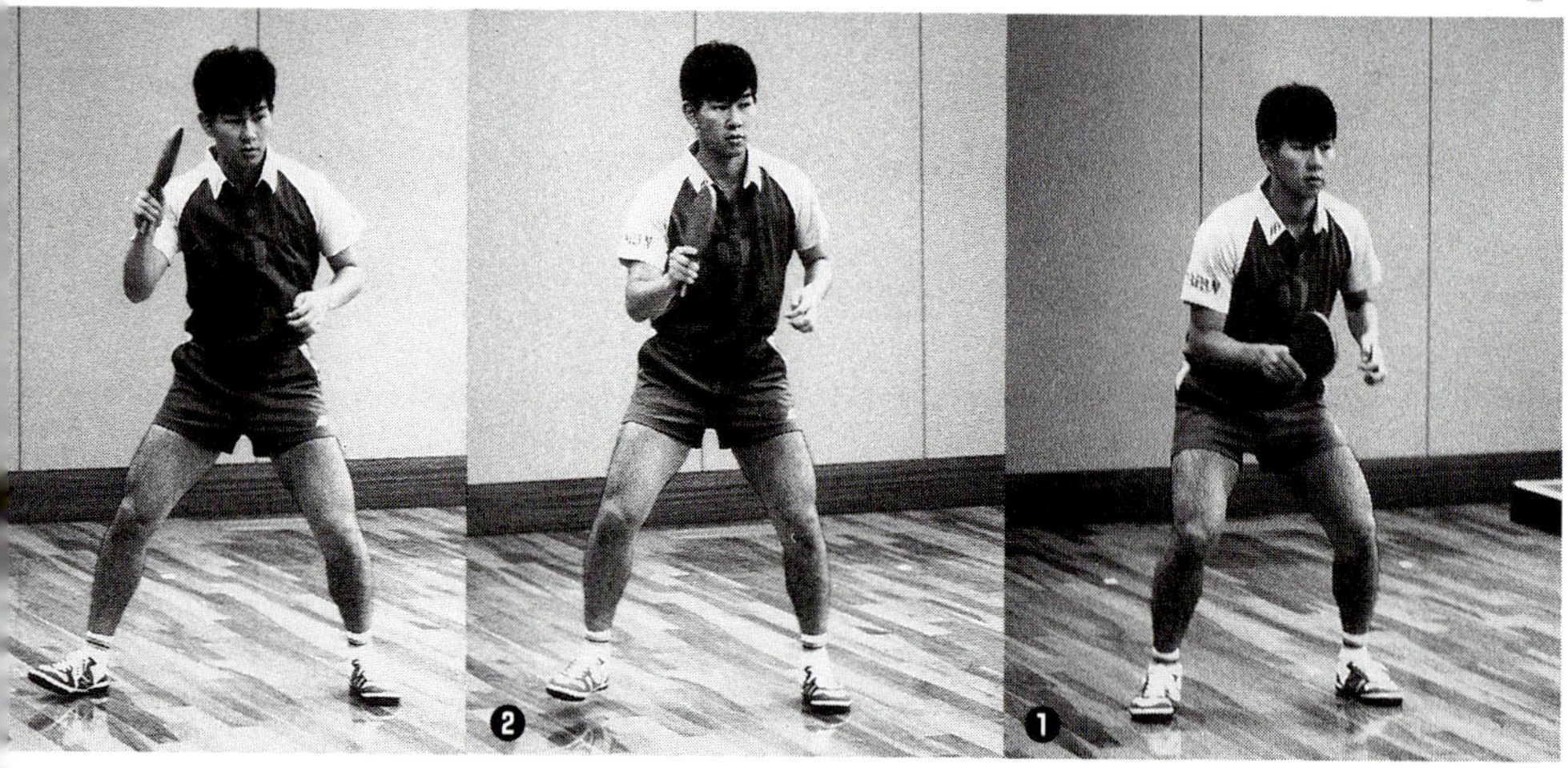

フォアハンドカット

（渋谷浩／シブタニヒロシ）

POINT　ラケットの振り下ろしとひざの屈伸

❶〜❹基本姿勢からボールの飛んでくる方向に右足を合わせると同時にラケットを頭の付近まで振り上げる。❺〜❾で振り上げたラケットを打球点に向けて振り下ろす。90度くらいに曲げられたひじはこのときに伸ばされる。ボールの底部を鋭く振り抜くが、切るだけではボールは飛ばないので、後ろから前への送り出しも忘れずに。フォロースルーと同時に重心を左足に移し、基本姿勢にすばやくもどる。腰の高さ付近でインパクトするとカットが安定する

◆低く安定したカット

相手の強打に対して低くゆっくりと返球されるカット、というのは卓球の技の中でも華麗な技の一つ。守備型のカットマンはこの基本技術をしっかりとマスターしたいものです。台との距離に合わせて、Mサイズ（ひじを中心・前陣）、Lサイズ（肩を中心・中陣）、LLサイズ（体全体・後陣）の大きさの違うスイングを習得し、安定したカット打法を身につけましょう。

また、レベルが高くなると意識的に高く返球して、つり球を送ってミスを誘ったり、カットから一転、攻撃に転ずるなど、とてもおもしろい点のとり方ができるのが、カット型です。

基本ストローク

バックカットはエルボーが重要

ひじを支点にしたスイングで鋭く振り下ろす。
腰の高さ付近でインパクト。ひざは柔らかく使うとボールは安定する

バックハンドカット

POINT　柔らかいひざの使い方とひじを支点にした振りをマスターしよう

❶❷基本姿勢から肩幅よりやや広い右足前のスタンスに切りかえ、ボールを待つ。ボールのコースを確認しながら、バックスイングを始める。❷〜❺ラケットを顔の横まで振り上げる。❻でインパクト。高さは腰の付近。振り上げたラケットをすばやく振り下ろすと同時に曲げたひじを伸ばす。このひじの使い方がバックカットのポイントだ。下方向への柔らかいひざの使い方も大切だ。フォアカット同様に前方向へのラケットの押しも忘れないように付け加える。そして、❾❿ですばやく基本姿勢にもどる

渋谷浩のバックカット

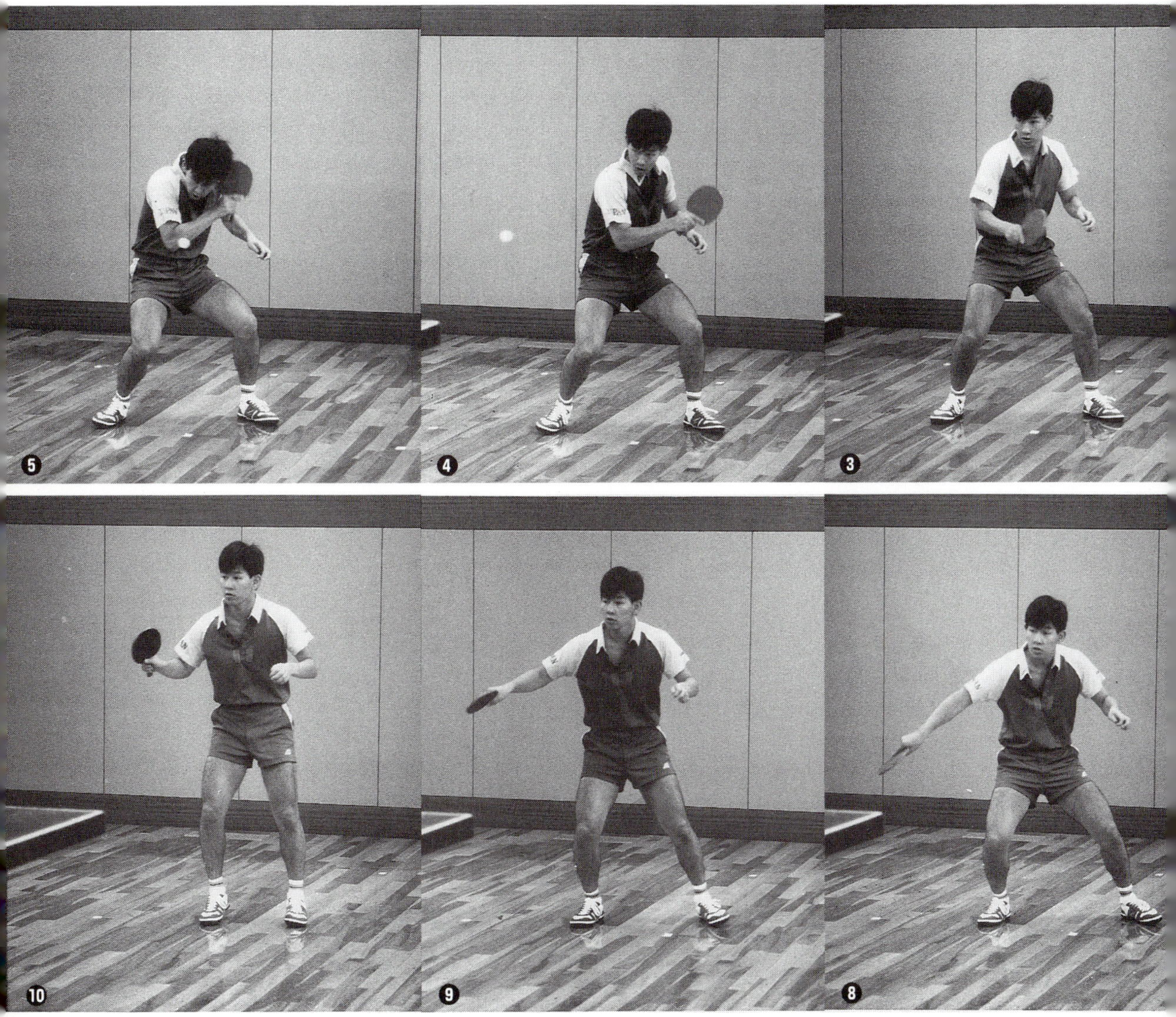

技術編
LESSON
レッスン
8

基本ストローク

先手攻撃は台上プレーから

◆小さく鋭いスイング

ひじを中心にした打法がMサイズ打法だとすれば、手首を中心にした打法はSサイズ打法。台上でのフリック（はらい）はほとんどがS打法です。さらにフィンガーワーク、指を使ってラケットのスイングスピードを上げるようにしましょう。特にペンホルダーの人は、裏面の指を使ったフィンガーワークをマスターしましょう。

フォアの台上フリック（上）

右足を前に踏み込みながらフォア前をフリック（はらい）。バックスイングは小さくし、バウンド後の頂点付近を打つ

バックの台上フリック（下）

左足を踏み込みながら、ボールに体を寄せる。バックスイングは大きく取らず、リスト（手首）をきかせたS打法で打球する。打球点はバウンドの頂点を狙う。クロスに打つとみせかけストレートに打つようなテクニックが出来れば最高

ペンの台上プレー（はらい）では
フィンガーワークを使おう

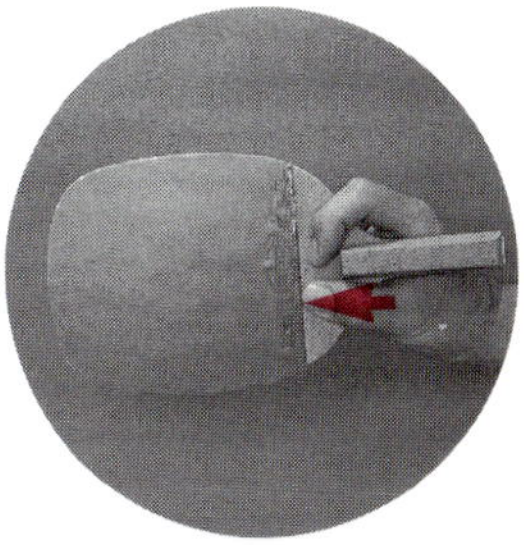

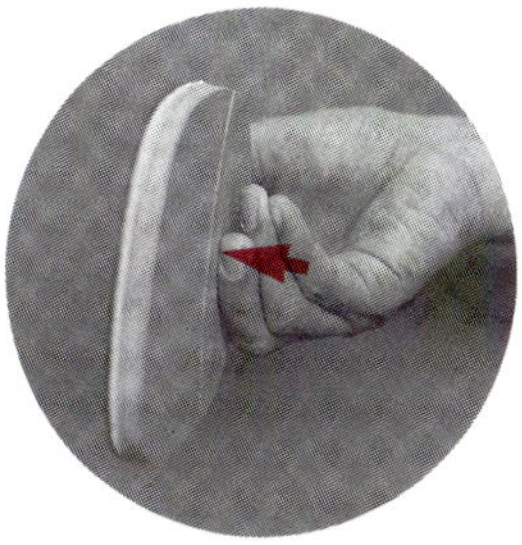

王励勤（中国）。右シェイク両面裏ソフトラバー攻撃型

基本ストローク

ロビングとロビング打ち

ロビングの名手、ワルドナー。左右に曲げたり、伸ばしたりと多彩なロビングで相手を苦しめる。失点を遅らせるだけでなく、得点を狙うこともできるロビングである

◆ロビングとロビング打ち

相手に攻められたときにコートからはなれドライブで高く上げて、一本でも多くしのぐのがロビング。その高く上がったロビングを打つのがロビング打ち。

相手のスマッシュを台から数mも離れ、右や左に走りながら拾い、高い弧を描きながら相手コートに落とす技は、卓球のプレーの華です。

ロビングは少しでも自分の失点を遅らせ、相手のミスを誘ったり、相手の心理的なあせりを誘うという役目があります。ただ返すだけでなく、しっかりと回転をつけ、深く入れたり、曲げて返すと効果満点です。

一方、ロビング打ちは意外と難しい技術で、高く飛んでくるボールから目を離さず、体全体を使った大きい動作で、威力あるボールで確実に入れなければいけません。ボールの上昇期や下降期をたたいていくやり方と、飛び上がるようにボールの頂点をスマッシュするやり方があります。試合などでは、大事なところで高く上がったボールをミスして、精神的にがっくりして、逆転されたり、リードを広げられたりすることがよくあります。ふだんから練習しておきましょう。

ロビングは深く、そして回転をかけて入れることが大切

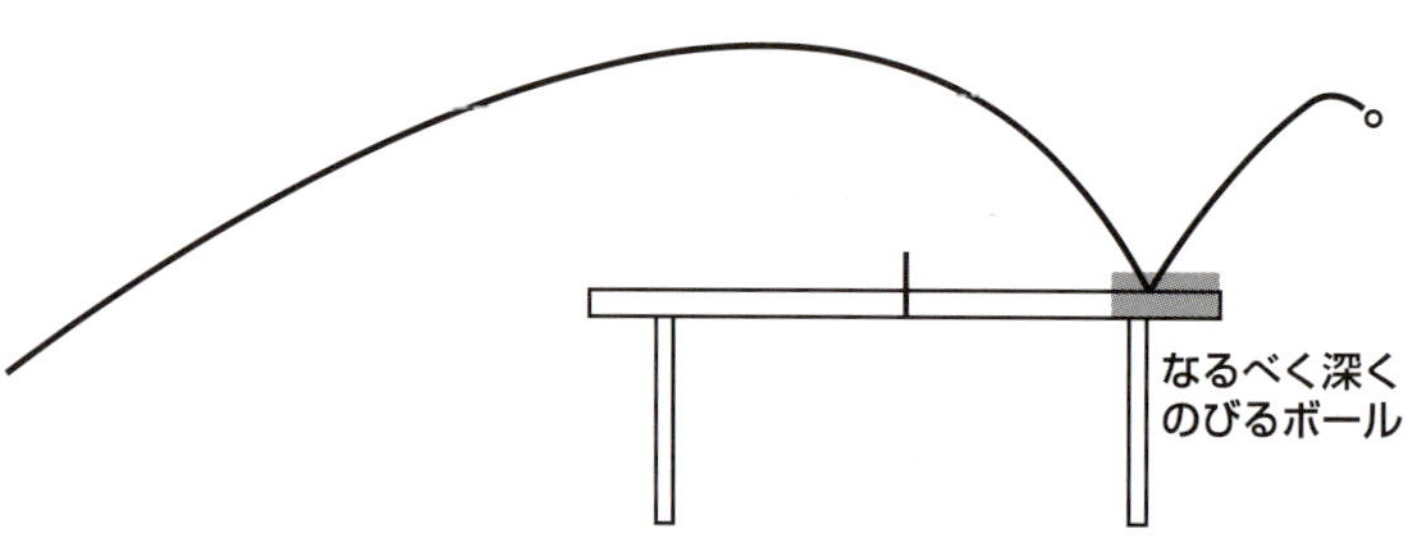
なるべく深く
のびるボール

ロビングでしのぐ
(パーソン)

台から数m離れて、相手のスマッシュをロビングでしのぐ。失点を少しでも遅らせ、相手のミスとスタミナの消耗を誘う大事な守備の技である。しっかりと前進回転をかけよう

ジャンプしながらロビングを打つディン・イ（オーストリア）。ロビング打ちは結構難しいが、あわてずに打つことが大切。上からたたきつける動作は野球のピッチャーの投球動作に似ている

クレアンガ（ギリシア）のラリーからの強烈なフォアハンドのドライブ攻撃。
下半身を安定させた力強いフットワークからエースボールがうまれる

技術編
Technic
2

基本のフットワーク

基本のフットワークとは

大事な3つのフットワーク

卓球がスピード化して、いろいろな用具が開発されて、技も多彩になってくれば、新しいフットワークも考えていかなければいけません。

試合の中でサービスから7球目、レシーブから8球目くらいまでのラリーで自分が多く使っている動き、それがその人のフットワークの原点です。だから当然その人のスタイルによって大事なフットワークは変わってきます。また、大きな動き、小さな動き、速い動き、ゆっくりした動き、不意をつかれたときの応急的な動きなどいろいろあります。自動車の運転にたとえるならば、いつも基本通りの操作では事故をおこしてしまいます。急ブレーキ、急ハンドルも時には必要です。

試合の中で多く使うフットワーク

フォアへの飛びつき

は何かというと、攻撃選手の場合……

①バックに回り込んだ後（ツッツキ打ち等で）フォアに飛びつき、さらにバックに返球されたときのフットワーク

②斜め前に出たあと、斜め後ろに下がる動き（二歩動／前後のフットワーク）

③バック対バックからフォアに動かされて飛びつき、もう一度フォア（この場合一歩動）やバックをつかれたときの動き

以上の3つが中心的なフットワークになりますが、ミドル処理のフットワーク、連続的にフォアハンドで動くフットワーク、左右の切りかえフットワークなども必要です。

日本の伝統的な基本練習のフットワークに左右の三歩動のフットワークがあります。この練習に多くの時間をさいている選手はたくさんいると思いますが、このフットワークは試合の中で打ったあとのもどりのときに多く使っています。

バックからフォアに大きく動くときはゲーム中ではほとんど交差歩のフットワーク（飛びつきのフットワーク）を用い、フォアハンドでバックへ回り込むときのフットワークも、左右のフットワークとは異なる足の動きを用いています。

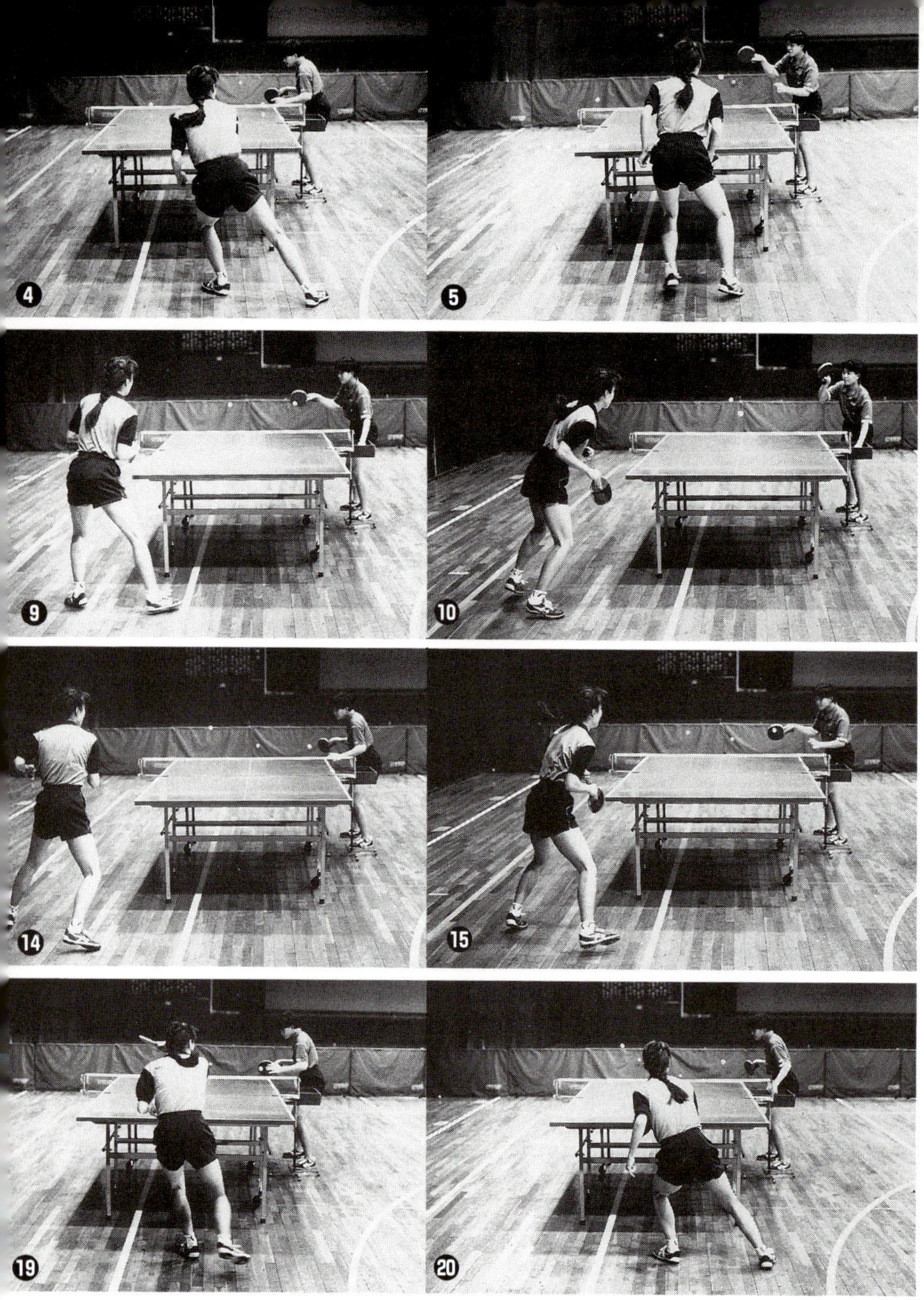

技術編

LESSON
レッスン
1

基本のフットワーク

左右のフットワーク練習

◆フォアハンド2本、バックハンド1本のフットワーク練習

これはバッククロスで、ショート対ショートのラリー中に一方が回り込んでフォアハンドで打ち、それを相手にショートでストレートに送球してもらい飛びついて打ちます。この場合、足の動かし方は回り込みと飛びつきの2つのフットワークが連続して必要です。

回り込みはなるべく左足の後ろに右足を持っていき、打球後はすばやく基本の位置にもどり（このときのフットワークは左右のフットワークの三歩動を用いる）、ただちに交差フットワークでフォアへ飛びつきます。そして打球後はフォアハンドの打てる体勢を作り、そして次のショートに備えます。最初の5分くらいは、規則的な練習をして、あとの5分は6～8球ラリーが続いたあとに全面フリーで打ち合うなどの方法があります。

また、シェークハンドの選手であまり回り込まない選手は、左右（フ

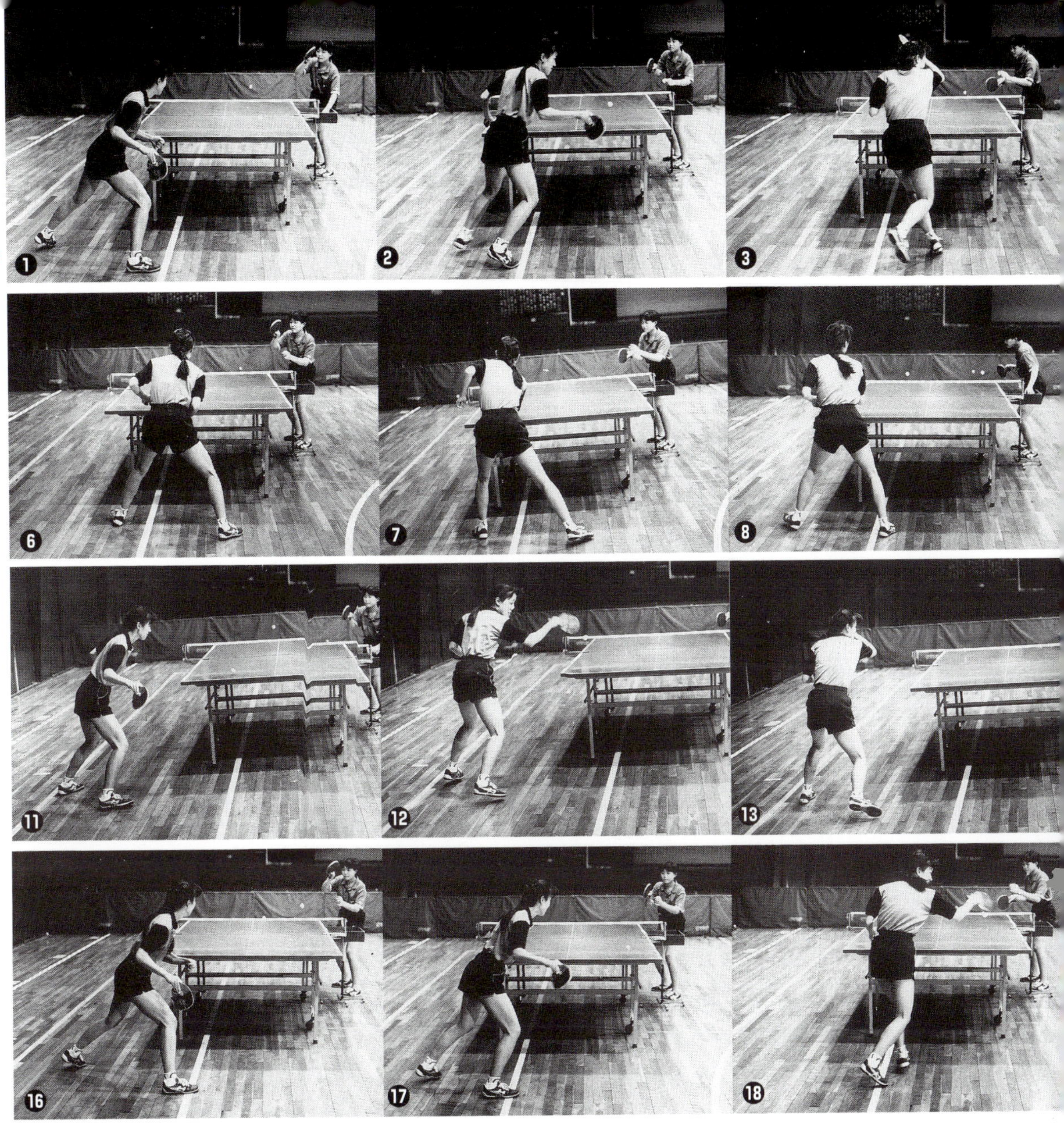

ォア・バック）の一本交互の切りかえ、またはランダム（不規則）の切りかえをやりながら、さらに全面のフリーに発展した練習を多く取り入れます。この場合は相手になっている選手の意識も大切で、厳しいコースやスピードのあるボールを送球しあいましょう。

フォアハンドとバックハンドショート、フォアハンドの回り込みのフットワーク

（橘川美紀）

POINT　だんだんとスピードを上げていこう

これはバックへの回り込みとフォアへの飛びつきを組み合わせた複合フットワーク。ラリー練習でうまく続かないときは、写真のように多球練習でやるのもよい。動きを覚えたら、自分の主戦武器、ドライブを使う人はドライブで、速攻型は強打でフットワークをやるようにしよう

基本のフットワーク

斜め前後の動きが試合では多い

◆斜め前、後ろのフットワーク練習

第一段階で一本交互の前後のフットワーク（三歩動）を行いますが、次の段階では、フォア前にサービスを出してもらい、バックにレシーブ。それをバックに攻撃してもらい（ときどきフォアやミドルへの攻撃を混ぜてもらう）、ブロックし、そのあとは両者オールサイドでのフリーのラリーとします。上の写真の江加良選手はレシーブのあとバッククロスに返球されたボールをフォアハンドで回り込んでいますが、この場面ではショートを用いてもよいでしょう。

足の動きはフォアの前に動くフットワーク（右足を前方に持っていく場合と左足を踏み込んで打つ場合がある）と、打球後ただちに基本の位置にもどるというフットワーク（二歩動）、さらに全面でのランダムな動きとなります。

大切なことは、打球したあと、すばやい動作で基本の位置にもどること。それとフリーハンドを打球の加速に利用して使うことです。

斜め前後のフットワーク（江加良）POINT　強い蹴り足が速い動きを作る

実際の試合で多いのは単純な前後のフットワークではなく、フォア前からバックの後ろ、バック前からフォアの後ろというような斜め前後のフットワークが多い。❶〜❻でレシーブの位置からフォア前に大きく踏み込んで動いている。前に行くときに左足を強く蹴り、バックにもどるときには今度は右足で強く床を蹴っている。フォア前に動くときには大きな一歩動、そしてもどるときには二歩動を使っている。このときにフリーハンドを活用する

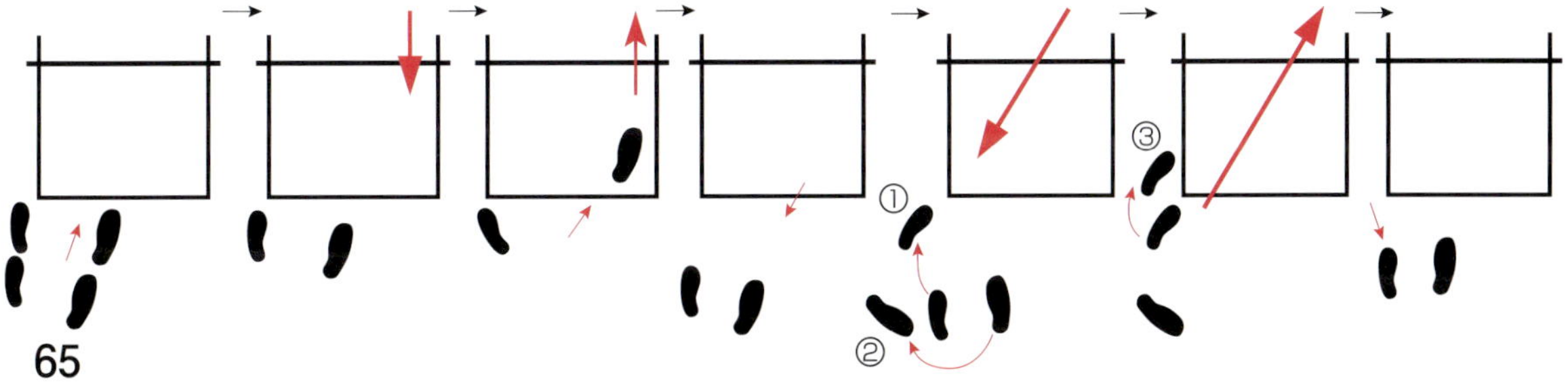

技術編
LESSON
レッスン
3

基本のフットワーク

一歩動と交差フットワークを使い分けよう

◆バック対バックからフォアへ動く

バッククロスでショート対ショートのラリー中、突然一方が相手のフォアに送球します。すぐに飛びつきの交差フットワークか、もしくは同時同速のフットワークで打球します。また、とっさのときは右足一歩動のフットワークを用います。連続的に一方がこの練習をしてもよいのですが、一つのラリー中に2人が交互にやるようにするとより効率のよい練習になるでしょう。また、何本かラリーが続いた後、全面フリーにしてもよいでしょう。

このほかフォアハンドの強化として、最初はフォアハンドの左右のフットワークをその人の能力に応じた速さで半面で行います。次に、半面で速く動けるようになったらコート3分の2に広げていきます。左右のフットワークの目的というのは、ラリーを続ければよいというものでなく、速さをともなっていないと試合の中では生きません。だから相手の意識が重要です。

また、相手からの左右の速いコース攻めに対し、フォアハンドとバックハンドの切りかえで対応する練習が必要です。最初は一本交互に動かしてもらい、次にランダムに切りかえ、さらにオールサイド、とより難しい練習にチャレンジしましょう。

この練習で注意する点は足の動きと切りかえのときにラケットの位置がコート面よりあまり下がらないよう、なるべく高い位置で移動することです。

Q&A

Q・フットワーク練習をするときは何本くらいを目標にしたらよいでしょうか?

A・その人のレベルによって違いますが、同じリズムで同じ威力のボールを長時間やるようなフットワーク練習ではなく、より速く打つ、より正確に打つということを練習のテーマにしましょう。試合では一人4回つまり8球目くらいまでラリーのほとんどは終りますから、50~80%の力で10回をめどに練習しましょう。

一歩動のフットワーク（上・江加良）
交差フットワーク（下・ワルドナー）

最も大きな動きは交差フットワーク

4

8

12

16

基本のフットワーク

規則的な練習と不規則な練習

◆規則的な練習は実戦ではあまり生きない

最初は規則的な練習で、コースなどを決めて、感覚をつかみます。しかし、その後なるべく早く不規則な練習に移ります。約束ごとを決めた基本練習は、判断がすくないので実際の試合ではあまり使えないのです。ある程度ボールが打てるようになったら、たとえば自分の15分の練習のうち最後の5分はオールラウンドな不規則練習、というようにしたほうがよいでしょう。時間全部を規則的な練習にするのはやめたいものです。

ある程度打法が安定して速さにもついていけるようになったら、回転やコースの不規則な練習を多めに入れていきます。実際の試合では反応がとても大切だからです。規則的な練習だとコースが決まっているので、反応の訓練になりません。卓球の試合では、予測が外れたときや、ラケットの端に当たって入ったボール、ネットインなどに反応しなければならないわけですから。練習相手がコースを間違えてしまったり、ラケットの端に当たってボールが入った場合など見送ってしまうことがありますが、それは悪い習慣です。そのようなボールを返球する訓練こそ試合のときに役立つ練習なのです。

また、打球点やスイング、台からの距離などにも注意しながらフットワークの練習をしましょう。

Q&A

Q・速攻型に適したフットワークとは？

A・動く範囲はせまいけれども、速く動くことと、もどりをすみやかにしなければいけません。打ったら、早く基本姿勢にもどることが大事。速攻型はバウンド直後打つことが多いので、そのためには短い時間の中で速い動きができるようにしましょう。

ワルドナーの不規則な動き（実戦から）

ワルドナーがバックに回り込んで打ったあと、フォアに来ると予測したが、バックに返球されたので、急ブレーキをかけ、ショートで返球している。実際の試合では練習ではないような様々な動きをしなければいけない時がある。したがって、ふだんの練習もなるべく試合に近い内容になるように注意しよう

1
2
3
5
6
7
9
10
11
13
14
15

主戦技術でフットワーク練習をやる

基本のフットワーク

ドライブによる左右のフットワーク

POINT　動く範囲とピッチを次第に上げる

❶～❺バックからフォアに二歩動の交差足で移動し、ドライブ。❻～⓬フォアからバックに三歩動で移動し、ドライブ。バックに回り込むときの左足と右足の位置に注目。平行のスタンスにならないようにドライブの打ちやすい足の構えをとるのが回り込むときのポイントです。
ミート打ちによるフットワーク練習をマスターしたら、このように自分の主戦技術で動きの練習をしよう。最初は半面で、次に3分の2面、というように動く範囲を広げ、次第にピッチも上げよう。ラリー練習で続かない場合は多球練習で行うのも良いです

◆試合で生きるフットワーク練習か

多くの人はフットワークをやるときにミート打ちでやることが習慣となっていますが、試合で余り使わない技で練習しても無駄です。一番重要な主戦武器で、フットワーク練習をやりましょう。たとえば、ドライブ主戦型はドライブで、速攻型は頂点打でフットワークの練習を多く行い、スイングの強弱、大小なども混ぜるべきです。また、相手になっている選手はピッチの早さ、コースなど生きたボールを送ってやることが必要なのです。

また、ゲーム中のラリー回数はせいぜいサービスのあと3、4回打って終わるわけですから、その回数の中でフルスイングする練習や、速くて大きな動きのフットワーク練習も必要です。20本も30本も続くラリーは攻撃型同士の試合ではありません。

試合ではほとんどが不規則な動きで、しかも一つの打法で対応できることはありません。その中で、自分の主戦技術をたくさん使った人がラリーの主導権を握ることができます。写真は一九九三年世界チャンピオンのガシアン

技術編
Technic
3

技のコンビネーション

◆強いフォアもバックが弱ければ使えない

試合というのは、サービスかレシーブで始まり、3球目→4球目→5球目とラリーが続きます。そのラリーの中で使う技というのは一つの技だけでなく、相手からのボールの球質、コースの変化によっていろいろ変わってきます。それがゲームです。感覚のちがう技と技のつながりがうまくいかないと、一つの技だけが高まっていても試合のラリーの中でその技術は使えません。

たとえば、フォアハンドのとても強いペンホルダーの選手が、試合でバックにサービスを出されてレシーブしたときに、そのレベルが低くて相手に強打されてしまったら、いくらフォアハンドが強くても、それを使う前にラリーが終わってしまいます。

一つの技だけが強くても試合では勝てません。ラリーの中でどういう技を使うか、ということを踏まえて、その技の組み合わせがうまくいくように練習しなければなりません。規則的な一本交互のきりかえ練習から、やがて不規則なランダムの切りかえに練習レベルを上げましょう。

全面的でオールラウンドな練習によって、技のコンビネーションは高められます。いくら規則的な練習でうまく打てても、全面練習で技のつながりや体の動きを習得しないと、試合で役立たない練習になります。

フォアハンド強打とバックハンドの切りかえ（孔令輝）

POINT 切りかえるときにラケットを台より下に下げないで高く保つ

フォア、バックともに短い時間の間にしっかりと腰をひねり、強いボールを打つ。❺から❻にかけて、ラケットが台から下がる人がペンホルダーには多い。写真のようにラケットを落とさずにフォアからバック、バックからフォアに切りかえることが大切だ

◆フォアとバックの切りかえ

試合の中のラリーで多く使うコンビネーションとしてフォアハンドとバックショート、（またはフォアハンドとバックハーフボレー）があります。シェークハンドの選手はわりとスムーズにいきますが、ペンホルダーの人は指の力の入れ方やラケットの向きが一八〇度変わるために、難しいものです。ペンホルダーの選手はこの切りかえのときに、ラケットがコート表面より下を通過しないようにラケットの位置を高く保つようにしましょう。ラケットが台の下を通過すると、ボールに対してどうしても下から持ち上げこするように打つことになります。シェイクハンドで両ハンドドライブ主戦の選手は多少コートから下の部分からラケットをふり出し回転をかけて切りかえ練習をします。

切りかえのときの足の位置は、フォアハンドは少し左足前、バックハンドは少し右足前と一本交互で変化する方法と、両ハンドともに少し左足前で打球する方法、さらにはときどき逆足で打球する練習も必要でしょう。

孔令輝（中国）。2003年世界選手権シングルス第３位。右シェイク両面裏ソフト攻撃型

技術編
LESSON
レッスン
1

技のコンビネーション
フォアとバックの切りかえ

フォアロングとバックハーフボレーの切りかえ

❶～❼でフォアハンドロング。そのあとすばやく基本姿勢にもどり、フォア側に少し移動してからバックのハーフボレー（❽～⓯）。フォアからバックへの切りかえのときのラケットの位置は高くとろう。バックハーフボレーのときとフォアハンドのときのスタンスの違いに注目。❹のようにフォアハンドでは左足が前に来て、ボールに対して半身になるように上半身もひねるが、バックのときはボールに対して体の正面でボールをとらえる。このスタンスと上半身の構えの切りかえをすばやく行い、小さい動きもなるべく早くできるようにしよう

◆切りかえの練習ステップ

フォアとバックの基本ストロークをマスターしたら、まずフォアとバックの切りかえ練習にチャレンジしましょう。しかし、やり方はいろいろあります。ここに一つの練習ステップの例をあげてみましょう。

①半面でのフォアロング、バックハーフボレー（ショート）の1本交互の切りかえ／上の写真のように
②半面でのフォアドライブ（強打）とバックハーフボレー（またはショート、バックドライブ）の1本交互のきりかえ／自分の主戦技術で
③バック側3分の2面でのフォアロングとバックハーフボレー（ショート）の1本交互の切りかえ
④3分の2面でのフォアドライブとバック（ハーフボレー、ショート、ドライブ）などの主戦技術による1本交互の切りかえ
⑤半面でのランダム（不規則）の切りかえ（速攻型は強打）
⑥3分の2面でのランダムの切りかえ
⑦全面でのランダムの切りかえ

ラケットは台から下に下げない。
それによって、高い打球点で打てる

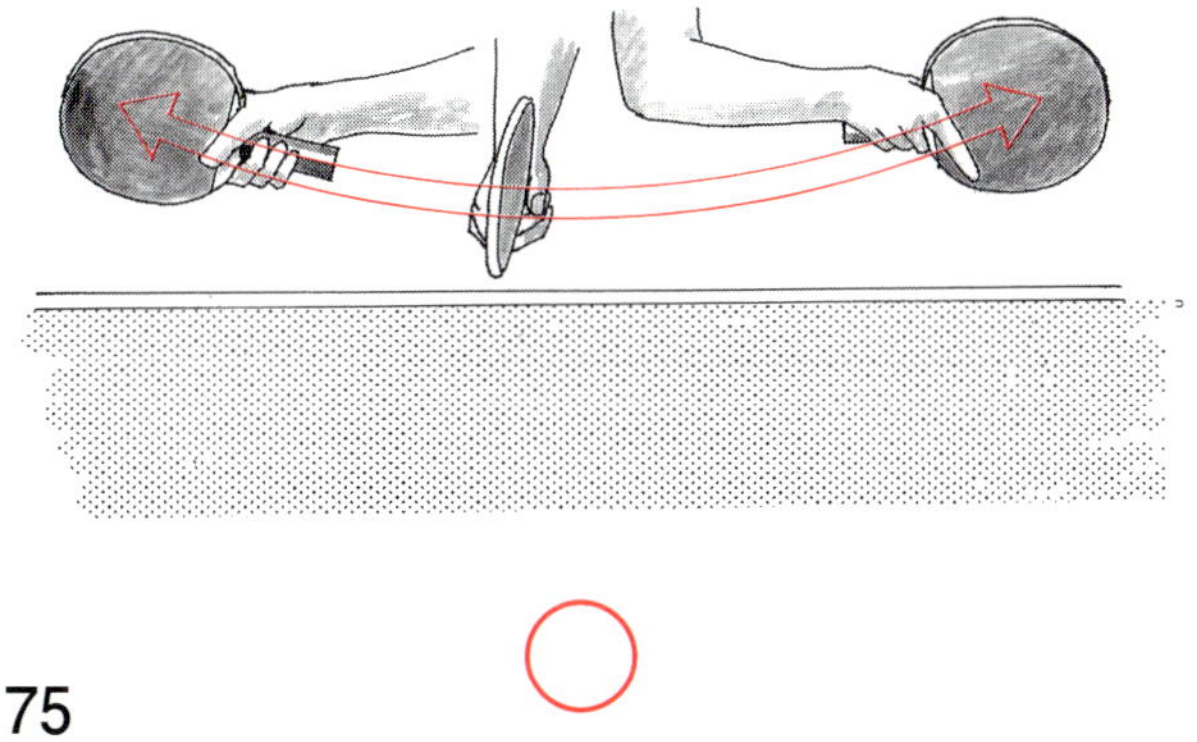

切りかえのときにラケットが台より下に下がると打球点が遅れ、ボールをこする打ち方になってしまう

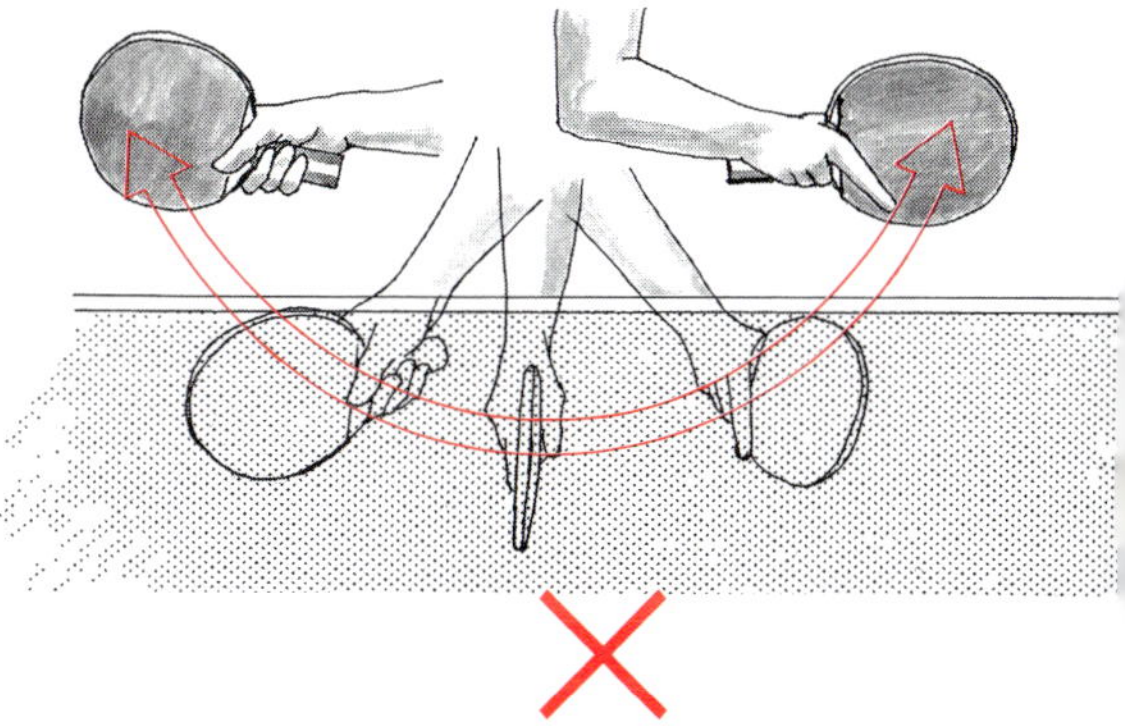

技のコンビネーション

ツッツキ打ちは強弱の変化をつけよう

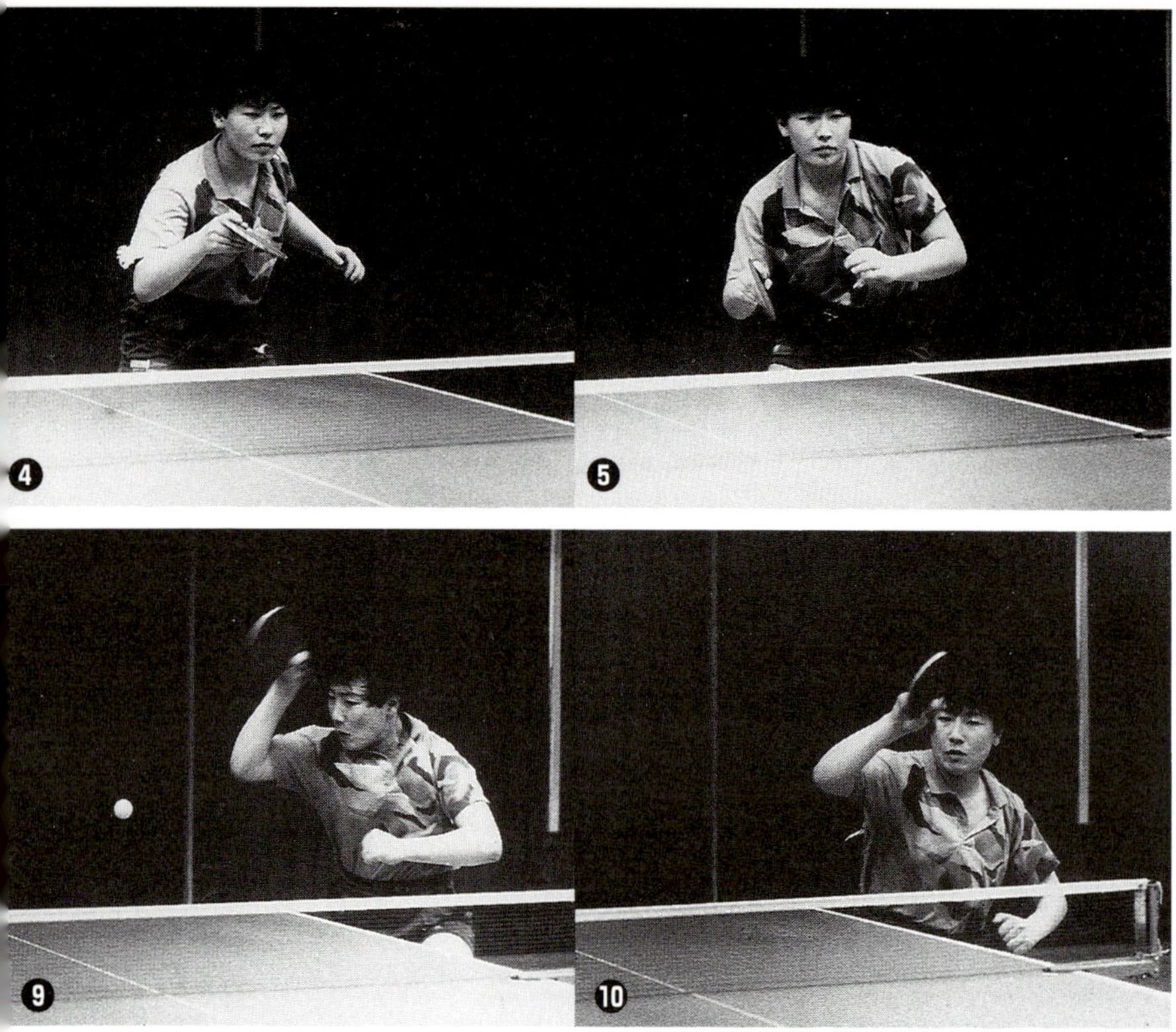

ツッツキからのツッツキ打ち

ミート打法によるツッツキ打ちはボールの下部を強くはじく

◆ツッツキと攻撃のコンビネーション

試合ではツッツキ（下回転）からラリーが始まることは多くあります。ツッツキをしたあと、自分が先手をとる場合もあるし、先に打たれてしまう場合もあります。そういうときのとっさの守りや、先手を取った後の連続攻撃の練習をしましょう。

ツッツキ打ちにしても、ただひとつの打法で同じ力で打つのではなくて、その中で必ず強弱などの変化をつけます。ドライブ主戦の選手もドライブの強弱はもちろんですが、角度打ち（ミート打ち）も混ぜるようにしましょう。またカットマンなどもこの練習をやったほうがよいでしょう。

❶〜❸ツッツキ。❹〜❼ツッツキした後、相手のボールを見極めてから回り込む。❻、❼のように左肩を前に持ってくると自然に腰の回転運動が使われる。❽ミート打ちでツッツキ打ちをするときは強くはじき、なおかつボールに少し回転を加えれば、安定する。この打法のスイングはやや下から前方に振り、ボールの下部をインパクトする

ドライブによるツッツキ打ち

POINT　ムチがしなるように腕を使う

下回転に対するドライブなので、スイングは下から上方向になる。ひざの伸び上がりを使い、腕はしなるように使われる。打球点は頂点か頂点の少し後。バックスイングでは力を抜き、インパクトに力を集中する。ボールをしっかりこすり回転をかけよう。またフリーハンドも有効に使おう

技のコンビネーション

ドライブとスマッシュの組み合わせ

◆スイング方向、打球点、打球感覚が違う

ドライブ主戦型でも相手のレベルが上がってくると、ドライブだけで点を取るということは難しくなります。スマッシュを混ぜる必要があります。しかし、ドライブとスマッシュは感覚や打法が違うので打ち方を注意しないとミスが多くでます。

ドライブのスイングは斜め下から斜め上のスイングとなり、打球点は頂点もしくは頂点後となり、ラケットとボールの接触時間が長くなり、こする感じで打ちます。

スマッシュの打球点はバウンドの上昇後期から頂点付近です。スイングは水平方向、またインパクトではボールとラケットの接触時間を短くし、ミートを強くしてはじくような感じで打球します。

ドライブの後のスマッシュ（星野美香）

❶〜❸下回転のボールに対して斜め下に引き、ドライブのバックスイングに入る。❹〜❻上方向へのドライブのスイング。❼〜❾基本姿勢にもどる。❿〜⓭スマッシュのためのバックスイングに入る。重心を高くし、ラケットは下げずに後ろ方向に引く。⓭〜⓯スイングは体の回転運動を使いながら前方向へ。左足（左利き）で強く前方向に床を蹴る

●ドライブのスイング方向

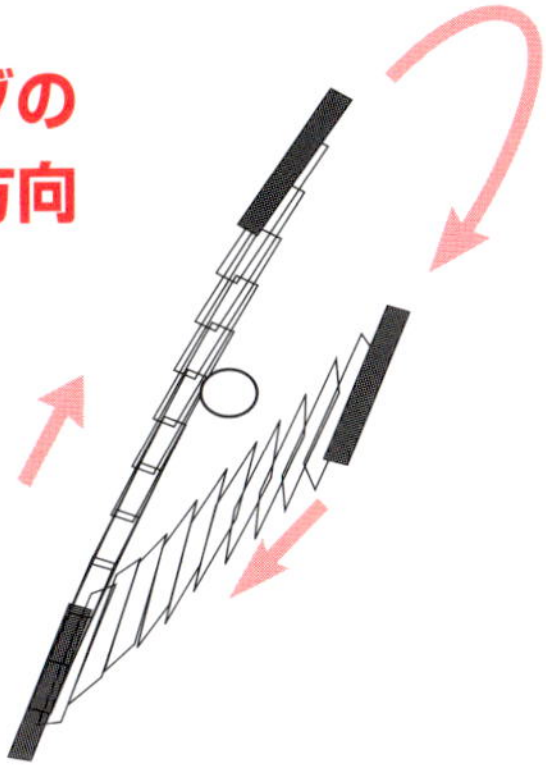

●スマッシュのスイング方向

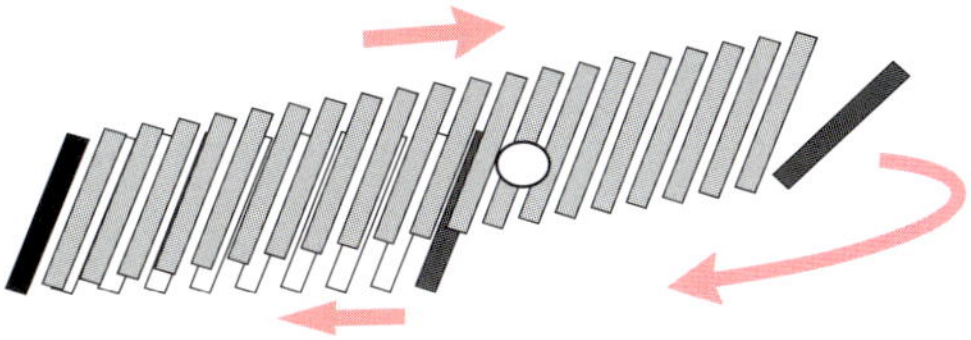

バックスイングでのラケットを引く方向がポイント。スイング方向も「上」と「前」なので違う。スマッシュを打つ前の基本姿勢は意識的に重心を高くする必要がある

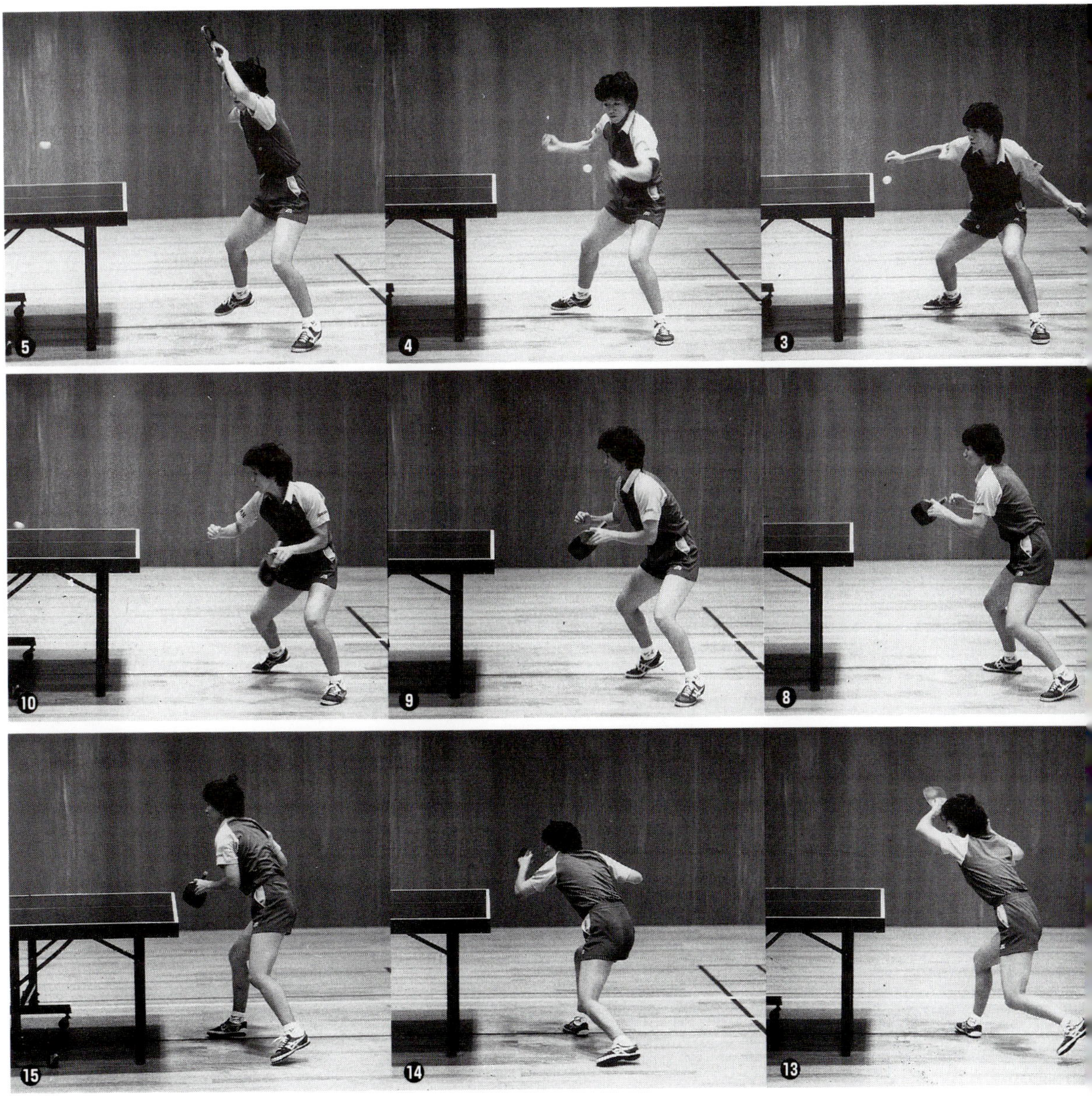

技術編
Technic
4

攻守のコンビネーション

サイドスピンのブロックからのスマッシュ（鄧亜萍）

次の攻撃のための守備技術

◆守りから攻撃につなげよう

最近は特に、技の幅が広がって上位に進出するためには色々な技の感覚をつかみ、ポイントのチャンネルを多く持つ必要があります。

試合では、攻撃選手はいつも自分が相手より先に攻撃したいと思っていて、先手をとる訓練はとても大切です。しかし、先手を取るのは一方で、カウンター攻撃はあったにしても、もう一方の人は守りからラリーになります。一方が攻撃、一方が守り、と固定して練習していると、試合のとき、瞬間的な攻守の切りかえができなくなってしまいます。自分が先に攻めたいのに、相手が先に攻めてきて自分の卓球ができず負けた、というのでは困ります。

試合では、自分も攻めようと思っているのと同じように相手もそう思っているのですから、先手がとれなかったとき瞬間的に気持ちを守りに切りかえ、チャンスがあればまた攻めに切りかえます。

◆卓球は攻守の繰り返し

卓球の試合はお互いが攻守を繰り返すゲームです。いかに守勢から攻撃につなげるか。そのためにはまず守りを堅くすることです。相手に連続攻撃をさせない守備技術を持っていれば、攻撃に転換できます。

逆に連続攻撃ができない原因として、まず、

チャンスボールがきても、体がその前のプレー後、十分に基本姿勢にもどっていないのに打ってしまったり、ステップバックせずにコートに近すぎたまま打ってしまう、というケースがあります。それは多球練習の中でスイングや体のもどりを速くしていくことで解決しましょう。自分の体がもどっていないときにチャンスボールがきたら無理をせず、つなぎの技で対応するようにしましょう。

Q&A

Q・ドライブをカウンタードライブで返球するのはどのようにしたらよいでしょうか？

A・相手のドライブが自分のコートに弾んだら、頂点より前でラケットに当てるようにします。打球スイングは、台と平行に水平に振り、なおかつ自分でも回転をかけ返すような感じで打ちます。当然、相手の回転に負けない振りの速さで打つこと、スイング自体も大振りでなく、コンパクトに振ることがポイントです。

バックに打たれたドライブに対して移動しながらのサイドスピンショート。ラケットを右から左に動かし、ボールの横をこするようなブロック。このボールは曲がりながら沈むので、相手は連続攻撃ができない。持ち上げて返してきたボールを回り込んでスマッシュ。ただ守るだけでなく、いかに相手に連続攻撃させないか、自分がラリーの主導権を取るかということをふだんの練習でも考えなくてはいけない

攻守のコンビネーション

ドライブ処理の技術を身につけよう

◆不規則な攻撃に対して守る

攻撃型の選手でも守りの練習はとても重要なのですが、あまり練習しないようです。ポイントは練習相手をしているときに、いかに工夫をしブロック力を身につけていくかということです。また、高度な練習としてコースを不規則な攻撃にしてもらい、守りの練習をする方法があります。規則的な練習の相手をしているときのブロックは、試合になるとあまり役に立ちません。守るという心の準備がありますから1、2球はコースを決めても、そのあとは全面にフリーで攻撃してもらい、それに対して守る練習をしましょう。ブロックの感覚としては相手の強打や強ドライブに対しボールが反発しないよう受けとめる感じで打つこと。

たとえばツッツキ打ちの練習をする場合、1本目はバックに打ち、相手はショートで返す、その後は全面でフリーにすると、お互いの反応も高まりブロックの練習になります。ただブロックするだけでなく、ブロックの種類も一種類でなく、変化をつけることが大切です。カットマンもただ入れているカットではなく、深さ、回転の量など変えられるようにしましょう。

ブロックショートによるドライブ処理の基本は、ボールを体の正面でとらえること、そして、台の近くでブロックすること。打球点はボールの上昇期、頂点前。体がのけぞったりしてはいいブロックができない。ふつうに当てるとドライブボールは上にはね、オーバーミスをするので、ラケット角度をかぶせる

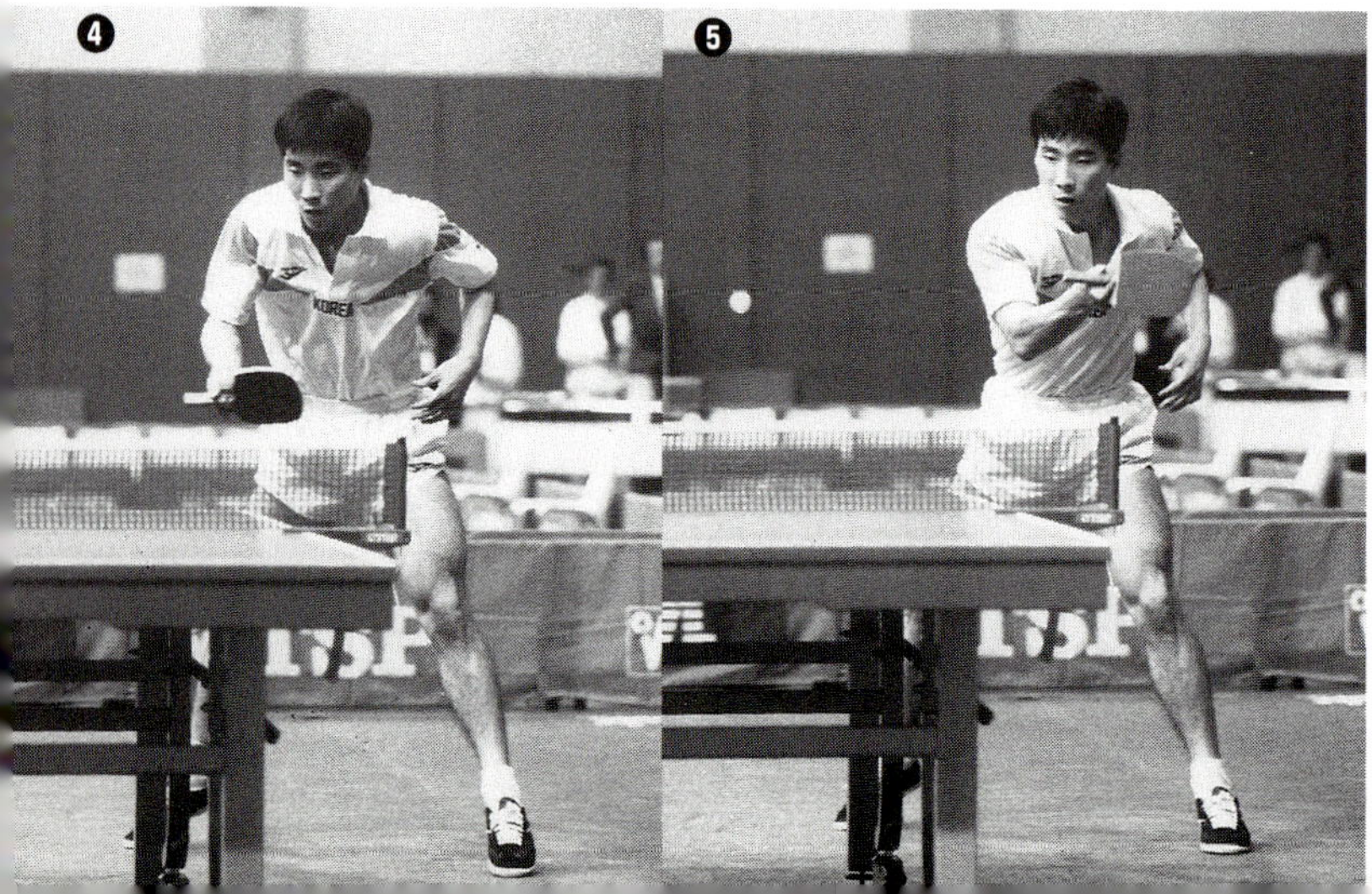

ドライブボールは反発力が強いので、ボールの勢いを殺すのがポイントになる。そのためにラケットを横に動かすと、ボールの回転に影響を受けにくく、返しやすくなる。写真のように右から左に動かすやり方。逆に左から右に動かすやり方がある

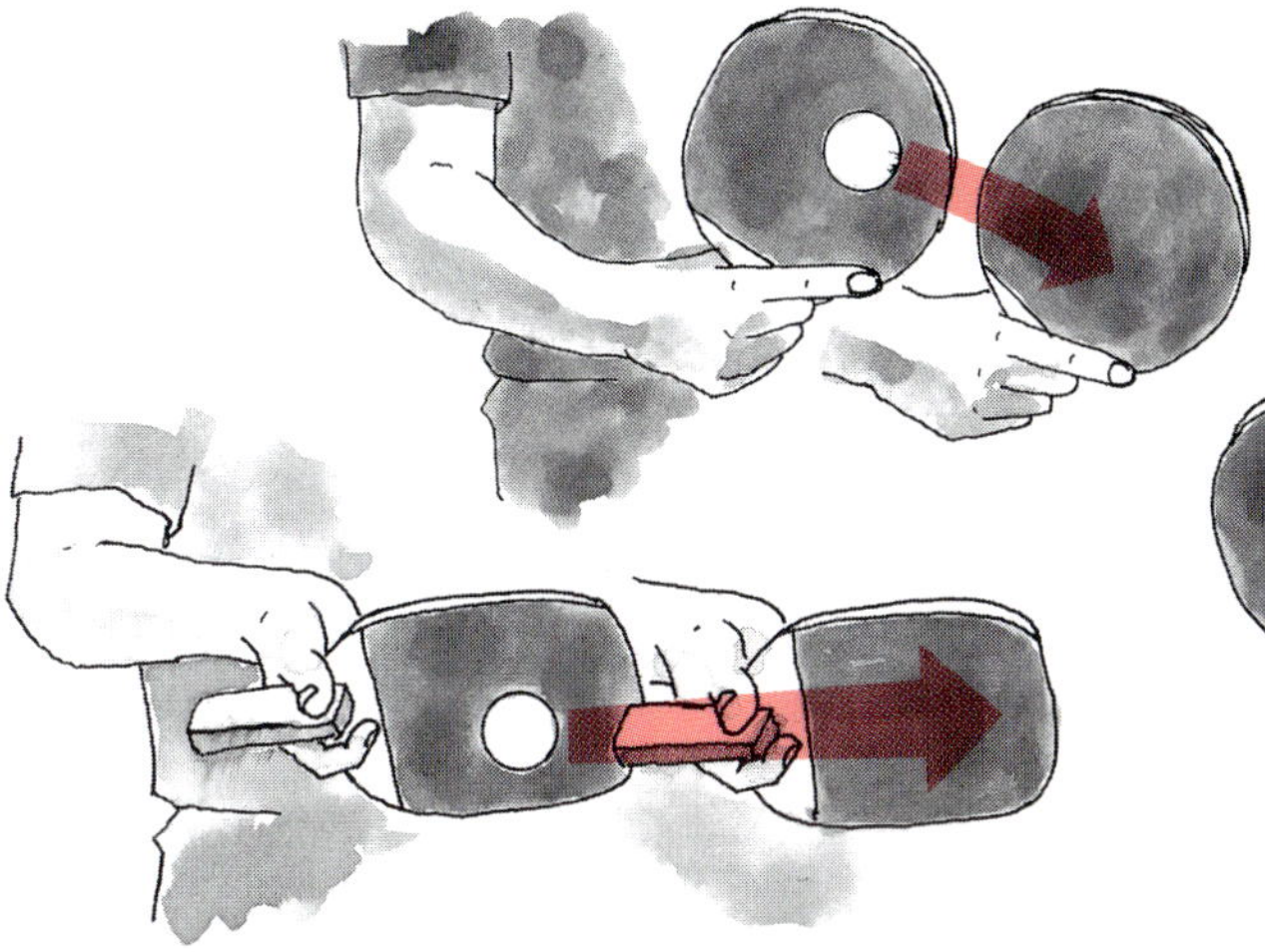

ラケットを横に動かすことによって相手のドライブの回転軸をはずし、安定したブロックができます

シェークのドライブ処理（パーソン）

ペンのドライブ処理（金擇洙）

攻守のコンビネーション

スキあらば攻撃、のドライブ処理

◆カウンタードライブを覚えよう

攻撃選手の場合は、相手のボールの力を殺したブロックによる守りと、相手の力を利用して、カウンターアタックあるいはカウンタードライブ、と変化をつけて返球できるよう練習しましょう。最低二つの返球方法は使えるようにしたいものです。守りの技として、カット性ショートや、サイドスピンショートがあります。

指導者七つ道具

①カッターナイフ（ラケットなどを削る）
②サンドペーパー（紙やすり／ラケットのグリップ部分を削る）
③ラバーダイン（ラバー用接着剤）
④瞬間接着剤（ラケットの修理）
⑤ルールブック
⑥ストップウォッチ
⑦笛

カウンタードライブ（下／王涛）

ブロックするようなラケット角度❸から強く振り抜くカウンタードライブ。バックスイングはあまりとらず、相手ボールの力を利用し、ボールの上部を打球する。打球点は頂点前から頂点の間

●対ドライブのハーフボレー

ボールの上昇期にボールの上部を打球する。バックスイングは取らずに、ラケットは前方に動く

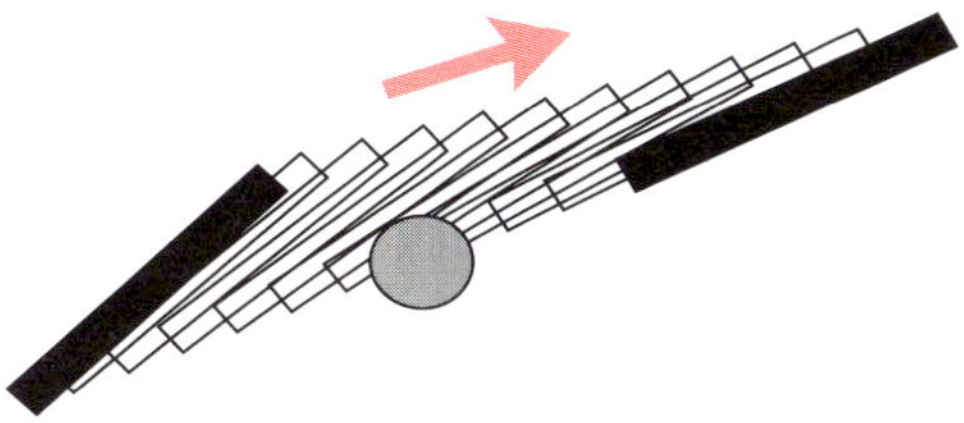

●カウンタードライブ

ボールの上昇期にボールの上部を、速いスイングでドライブをかけ返すような感じで打球。バックスイングはあまり取らないが、前方へやや大きめにスイングする

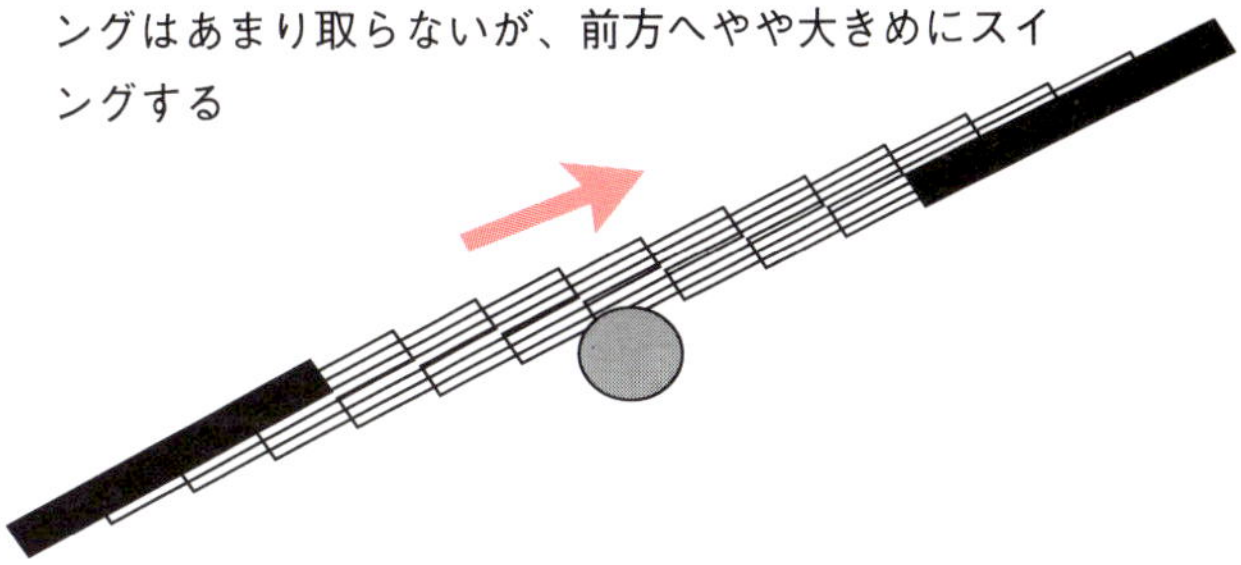

対ドライブのフォアハーフボレー（上／李恵芬）

中国では快帯と呼ばれるドライブ処理。ボールの上昇期をシェークのハーフボレーのように返す。打球位置はボールの上部で、ショートよりもボールに力があり、スピードもある

技術編
Technic
5

効果的なサービス

◆**サービスは攻撃の第1球**

サービスはとても大切で、種類も無限にあります。しかも創造性や工夫が一番発揮しやすい技で、サービスは攻撃の第1球目。この1球目で相手を守勢にすることができれば3球目以降有利なラリーができます。同時に自分の特徴が3球目、5球目で発揮しやすい色々なサービスを考えていかなければなりません。

また、得意なサービスと同様、大切なのはそのサービスを生かすための、相手の予測をはずす「裏サービス」の用意です。たとえば、相手のバック側を中心にサービスを出す選手は、そこに出すふりをして突然フォア側に長いサービスを出すというように練習するのです。

もうひとつは、試合の後半の山ばでどのサービスを使うか、ということを考え、用意しておくことです。セットオールジュースなどで確実にサービスで得点できる、もしくはチャンスを作ることができるサービスがあれば安心です。

バックサービス（下／玄静和）

❶で相手の様子を見て、サービスを決める。❷〜❹にかけてボールを上げ、ラケットを小さく引き、❺から❻の間でインパクト。ボールに下回転をかける。❼フォロースルーは小さくまとめ、基本姿勢にすばやく移る

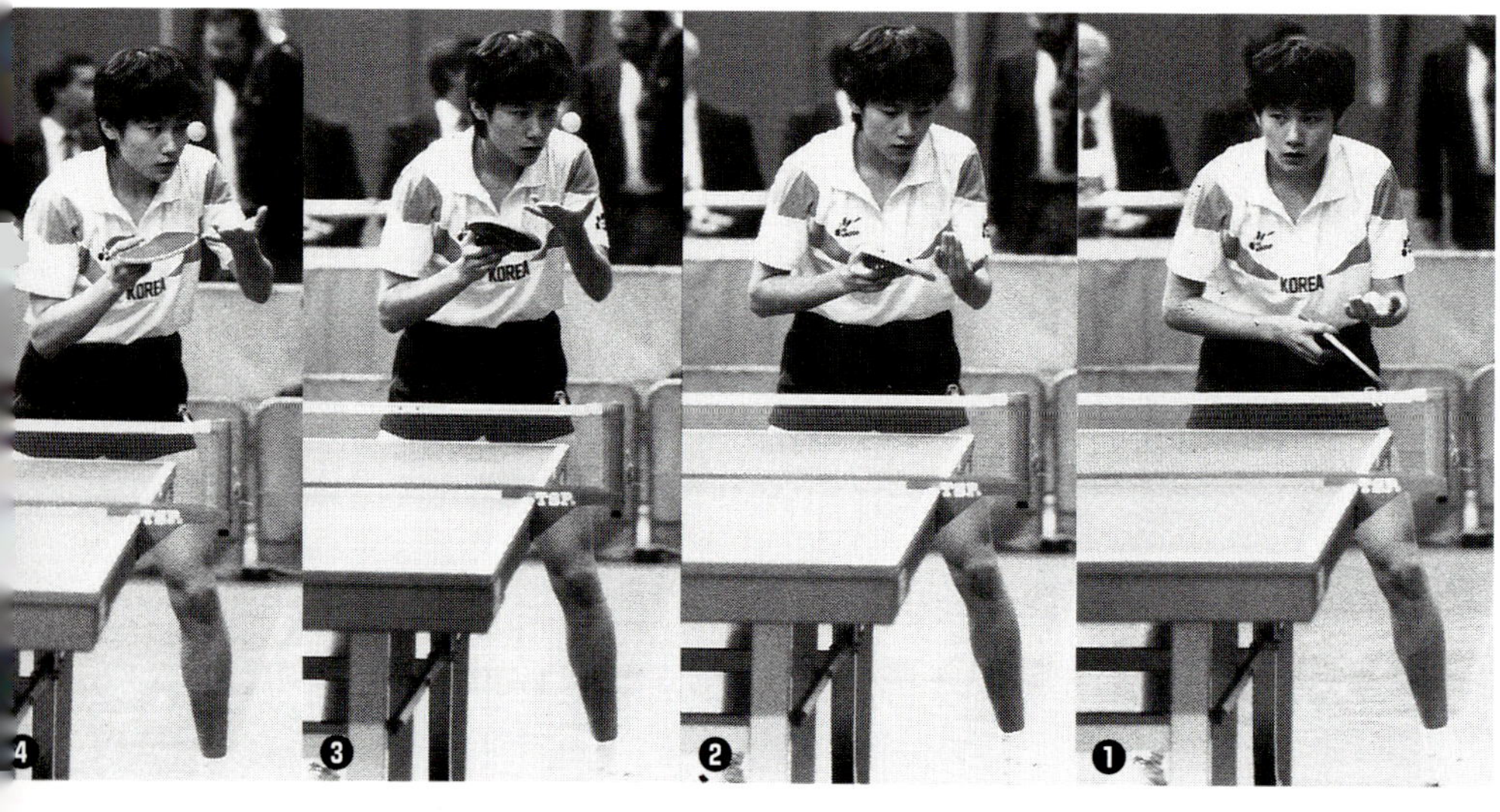

サービスのルール

①ボールはフリーハンドの手のひらの上に置き、手はエンドラインよりも後ろで、台の表面よりも高い位置に置く。いったん静止してから投げ上げ動作に入る。
②サーバーはボールに回転を与えずに、16㎝以上の高さにボールをほぼ垂直に上げる。
③サーバーは投げ上げたボールが落下する途中を打つ。
④ボールが手のひらからはなれたら、すぐにフリーハンドと腕をサーバーの両肩とネットの支柱との空間の外に出さなければならない。
⑤ボールが打たれる瞬間にボールは、エンドラインより後方で、台より高い位置でなければならない。

Q&A

Q・サービスが切れません。どうしたらもっと回転がかかるのでしょうか?

A・これは手首の使い方が悪いのと、無駄なところに力が入っていて、自分のラケットの運動がボールにあまり伝わっていないからです。それにサービスのときのスイングにスピードをつけなければいけません。そのためには、インパクト時に力が集中するよう手首を最大限に使います。ボールはラケットの中心よりも先端に近いところに当てるようにします。まず床の上で打ってみて、切れ具合を確認してみましょう。

バックサービス（上／チャン・タンルイ）

❶手のひらの上にボールをのせ、サービスを出す体勢。❷ボールを上げ、ラケットを引き始める。❸バックスイングを体のほうに寄せ、ここから振り下ろす。❹インパクト。最大の力をここで出す。❺フォロースルーでラケットを再び振り上げる。回転方向、回転量が判断しにくく、レシーブが難しい

効果的なサービス

サービスに変化をつけてみよう

投げ上げサービス（サムソノフ）

高く投げ上げたボールの落下スピードを利用するのが投げ上げサービス。中には5～6mくらい上げる選手もいる。❶～❸でボールを上に投げ上げ、バックスイングをとる。❹～❻で上げたラケットを振り下ろし、インパクト。ここで手首を使い、ボールに強い回転を与える。❼、❽でフォロースルー

❶

❺

◆回転、コース、落とす位置の変化

サービスの組み合わせ（回転、コース、落とす位置）も考え、意外性を発揮して、レシーブ側の判断をくるわせ、チャンスボールをつくって、3球目で先手をとれるサービスを出しましょう。スイングや体の使い方で相手の意表をつくことを練習します。

出す前に相手にコースや回転方向がわかってしまっては、いくら強い回転のサービスでも慣れられてしまい、レシーブされてしまいます。打つ瞬間までコース、球種、深さがわからないのがよいサービスです。そのためにはサービスにスピードがある、スイングが速いということが大切です。もし相手が先に動いたときには、瞬間的にコースを変えられるようにしたいものです。

イメージを膨らませて新しいサービスを工夫しましょう。また、サービスのうまい選手の真似をすることもヒントになります。練習の時に、あまり考えないで次々に出している人がいますが、やはりタイミングというものがあり、自分のリズムで出すことに注意します。また、試合中の場面を想定し練習することも大切で、サービスを出したら次の打球に備え、構えるところまで意識します。さらに相手の戦型によっても出すサービスが異なるはずですから、それも含めて練習する必要があります。

高く上げないロートスサービス

効果的なサービス

サービスからの3球目攻撃を決めよう

◆3球目で自分の主戦武器を使う

サービスと3球目攻撃は最大の得点源です。サービスだけでも点が取れる、さらに3球目で先手が取れ、自分の主戦技術が発揮しやすいサービスのレベルを上げよう。その種類も3〜4種類は必要です。いくら良いサービスでも、相手に返されたときに自分の主戦技術が使いにくいサービスでは、本当に好ましいサービスとは言えません。しかし、相手のレベルが高くなると、いくら良いサービスでもそう簡単に3球目攻撃ができないので、攻撃しにくいレシーブに対しての3球目の練習も必要です。いずれにせよ、サービスから3球目攻撃の練習はふだんからたくさん行いましょう。

投げ上げサービスからの3球目ドライブ攻撃

(ボル／ドイツ)

❶〜❹ボールを投げ上げ、バックスイング。❺❻でインパクト。相手のバックに短いナックル性サービスを出す。❿〜⓭で相手のレシーブが浮いたと見るや、回り込む。⓮〜⓯大きなバックスイングから得意のパワードライブを思いきり決める

1
2
3
4
8
9
10
11
14
15
JOOLA

レシーブ上達法

◆回転方向、回転量、コースの正確な判断

卓球の技の中で一番難しく集中力の必要なのがレシーブです。レシーブで点が取れる選手は試合に強く、勝ちやすいはずです。

まず、レシーブがうまくなる条件とは、相手のサービスがどの方向に回転がかかっているのか、どのくらい切れているのか、どの辺に落球するのかという判断力を身につけ、すばやく反応し、対応することです。

そして、あまいサービスに対してはレシーブから積極的に攻めるという意識を持つことが大切です。

そのためには、相手サービスのインパクト時を見て（ラケットの入角、手首の使い具合、スイングの方向など）、正確に球種を判断しなければいけません。そのサービスに対するスイング、打球点、打球面、力の強さなどを瞬間的に判断する必要があります。

レシーブの構え

◆肩幅スタンスでひざをやや曲げ、Yの字のフットワーク

レシーブではスタートの一歩がとても大切です。

足の幅は肩幅くらいでヒザをやや曲げ、利き腕側の足をやや後ろにしてつま先で立って構えます。バック側のサービスに対し、最初から「フォアで回り込んでは打ちません」と構える人が多くいますが、相手のサービスがあまいときや試合の状況に応じてヤマをはり、回り込んでフォアでもレシーブができるという構えをしましょう。

また、足の動きはYの字を描くようなフットワークがいいでしょう。つまりYのタテの部分で判断し、Vの部分でどちらかに動きます。構える位置とタイミングが重要で、つま先で立って、瞬間的にすみやかに動けるような準備が必要です。

⇩バック前のサービスに対しフォアで回ってレシーブ

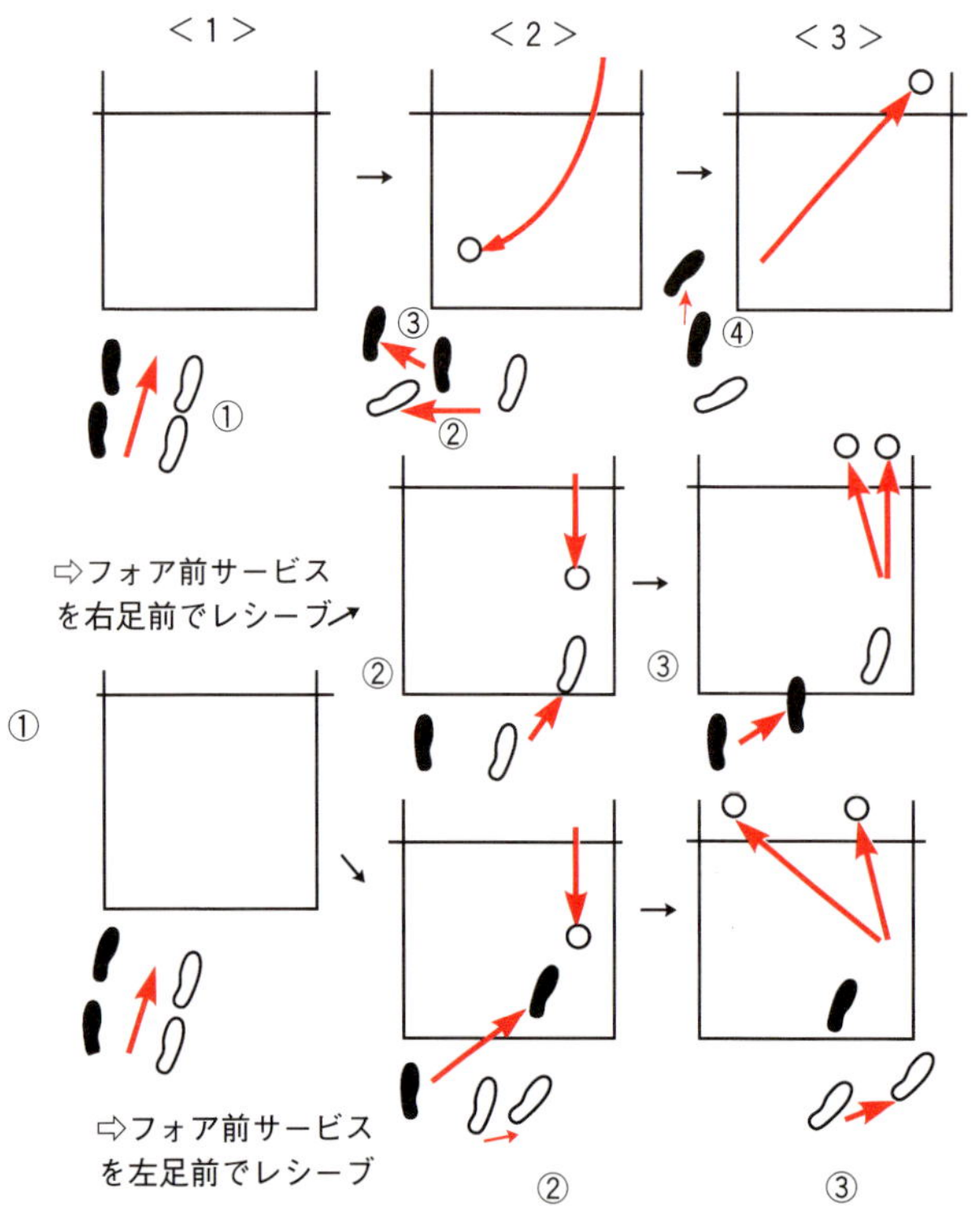
<1>
<2>
<3>
①
②
③
④
⇨フォア前サービスを右足前でレシーブ↗
⇨フォア前サービスを左足前でレシーブ

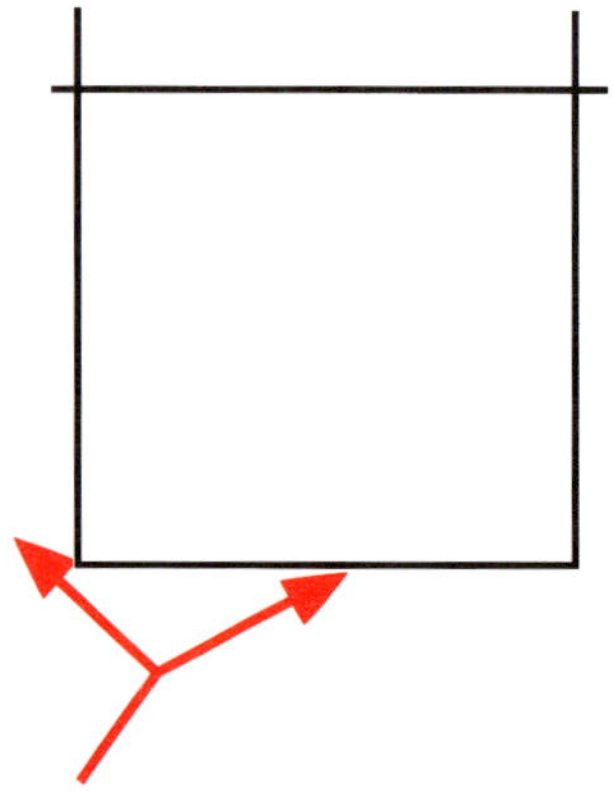

⇧レシーブのYの字フットワーク

〈レシーブの構え〉

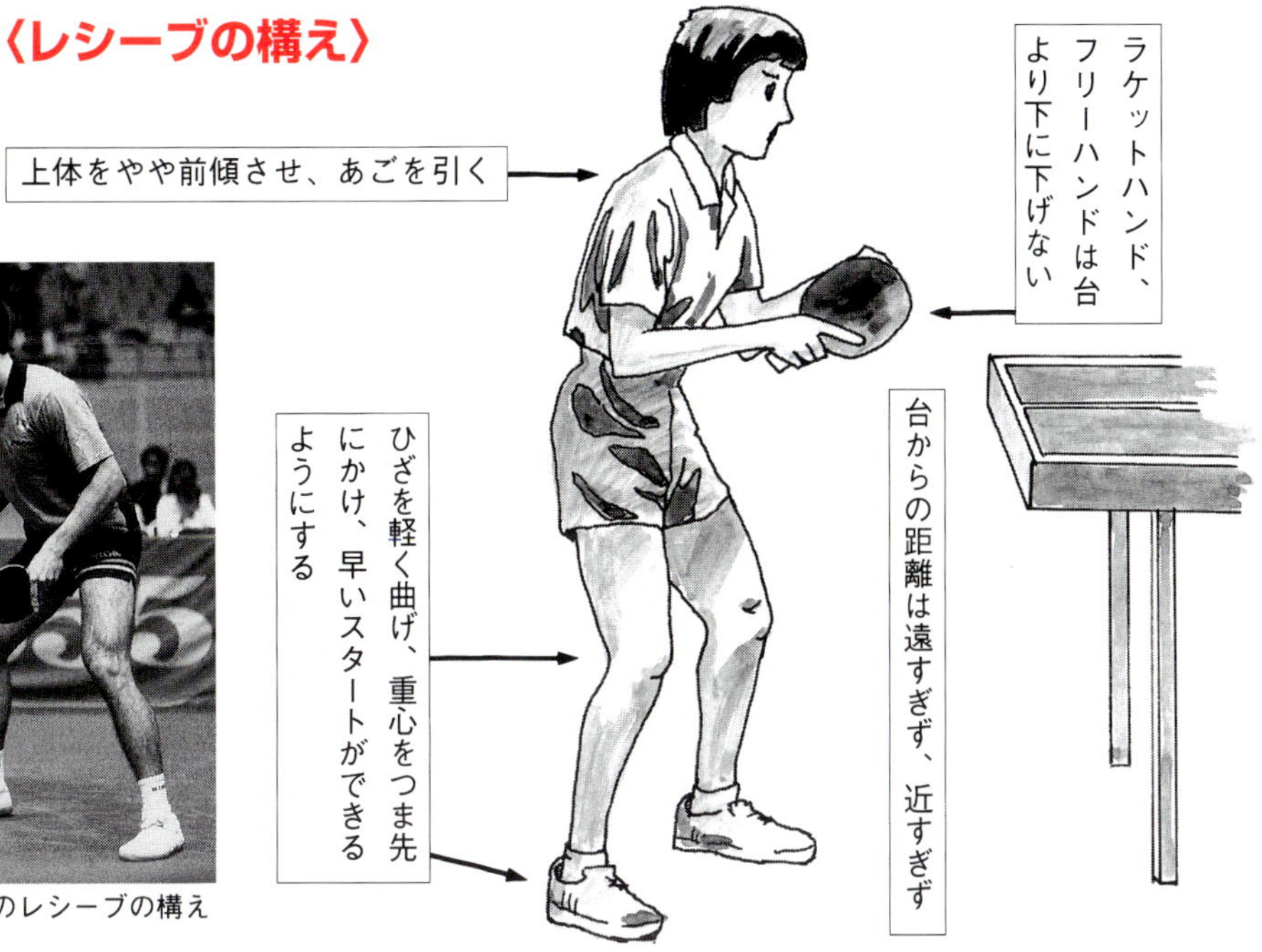
上体をやや前傾させ、あごを引く
ラケットハンド、フリーハンドは台より下に下げない
ひざを軽く曲げ、重心をつま先にかけ、早いスタートができるようにする
台からの距離は遠すぎず、近すぎず

ドライブ速攻型のガシアンのレシーブの構え

オールラウンド攻撃型のワルドナー

ワルドナー（後ろから）

カット型のリ・グンサン

ペンドライブ型の劉南奎

ペンドライブ型の斎藤清

ショート守備型の山下富美代

技術編
LESSON レッスン 1

レシーブ上達法
意外性を発揮し、レシーブを楽しもう

◆相手の裏をかく意外性

サーバーはサービスを出した瞬間、また出す前からどこにどのようなレシーブがきそうかを予測、3球目をどこに攻撃するか、ということを考えています。

レシーバーにとって大切なことは、意外性つまり、相手の待ちをはずすことです。試合をやりながら相手の予測を記憶し、このサービスの時は、さっきはここで待たれたから次はここにレシーブする。というように、相手の裏をかくようなレシーブは、相手の3球目攻撃をやりにくくします。

そのためにはひとつのサービスに対して3種類くらいのレシーブ方法が必要でしょう。また、もう少し上のレベルになったら、たとえば相手のバックハンドサービスがフォア前にきたとき、バックにツッツキをするような角度でラケットを出し、インパクトの瞬間にフォアへ払えるというような意外性のあるレシーブができると効果的です。練習して身につけたいものです。

Q&A

Q・シェーク攻撃型ですがミドルに出された小さいサービスがうまく取れません。

A・シェークハンドのミドル処理は難しい課題です。フォアでも、バックでもレシーブできるようにしましょう。バックハンドサービスに対してはバックのほうがやりやすいし、フォアハンドサービスに対しては、フォアハンドのほうがラケット角度が出しやすい。また、相手のサービスによって、構える位置をすこし変えましょう。もし、レシーブのしにくいグリップであればレシーブ時のみ少し変えるという方法もあります。

相手のオープンスペースを狙うレシーブ (パーソン)

POINT　*相手の心と体の動きを読む*

左利きのフォア横回転サービスに対して「逆法」でレシーブ。相手が回り込もうとしていると察するや、サービスの回転に逆らいながらも押しだすようにオープンスペース（相手のフォア）めがけてレシーブする。完全に逆をついているので、相手は泳ぎながら飛びついている

技術編
LESSON
レッスン
2

レシーブ上達法
各種サービスに対するレシーブ返球法

サービスの回転は大別すると下回転、上回転、右横下回転、左横下回転、横回転、無回転などがあります。回転が加わっているサービスはレシーブの際、自分のラケットに当たるとその反作用で、一定方向に反発し飛ぶという性質を持っています。反発方向を理解した上でボールの打球面、ラケットの角度、インパクトの力などを正確に調節すればレシーブは必ず上達します。

1 下回転（よく切れた）のサービスに対するレシーブ

①ツッツキによるレシーブ

打球点は頂点よりやや後方付近でラケットの面を上に向け、前方にスイングします。この場合、ボールは反発し、ネットの下方向に落ちるので、反発してもネット上を通過するようにラケットの角度を上に向けます。（Cの5付近）

②ストップレシーブ

自分のコートにバウンドした直後に打球します。手首を柔らかくし、グリップの力を抜いてリラックス。

◆順で返す、逆で返す

カットマンのレシーブは、フォア前とバックサイドの長いサービスからの展開が多いので、基本的なツッツキやカットでのレシーブとは別にフォア前は払う、バックへのロングサービスもショートで返球できるように、意外性を発揮することが大切です。それで点を取れなくても相手に安心して3球目を打たせないことになります。

サービスの回転が強いとき、順法（ラケットをサービスの回転にそって動かす＝順で返す）でのレシーブと、逆法（ラケットをサービスの回転と逆に動かす＝逆で返す）でのレシーブがあります。相手の読みを外す、という意味でも、順法、逆法を使い分けられると有利です。

基本的な考え方は相手のサービスと同じラケットの角度（ラケットがボールに当たるときの角度）をレシーブ側が出し、逆法で返球します。そうすると安定したレシーブができます。レシーブは角度とスイングによって、ボールを殺すこともできるし、利用することもできます。

ボールの底（Cの5）をしゃくるような感じで相手コートのネット近くにボールを落とします。この時グリップを瞬間的に強くにぎると切れるストップができます。踏み込んだ足のひざも力を抜いて柔らかくします。

③はらいによるレシーブ

手首を使い、小さなスイング（Sサイズ）で打球します。下回転の切れたサービスに対してはバックスイングも小さくして、ラケットをボールの下に入れ、手首を回転前上方向にスイングします（Cの4と5の中間）。ボールは反発し、前方に飛ぶので、ネット上を通過するよう加減します。打球点は頂点付近で、ペングリップの選手は裏側の指を使って打ちます。

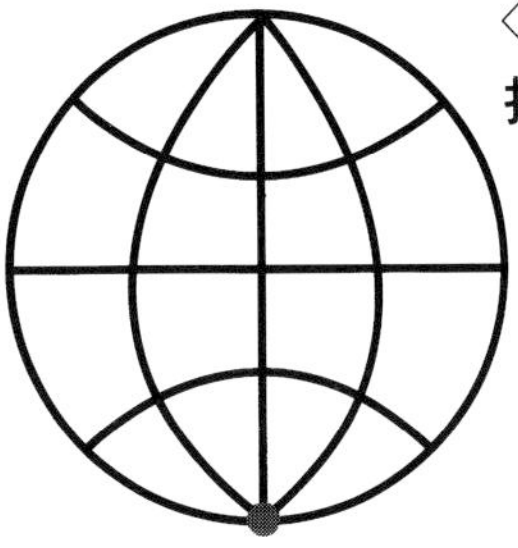

⇦ツッツキとストップレシーブの打球位置はCの５

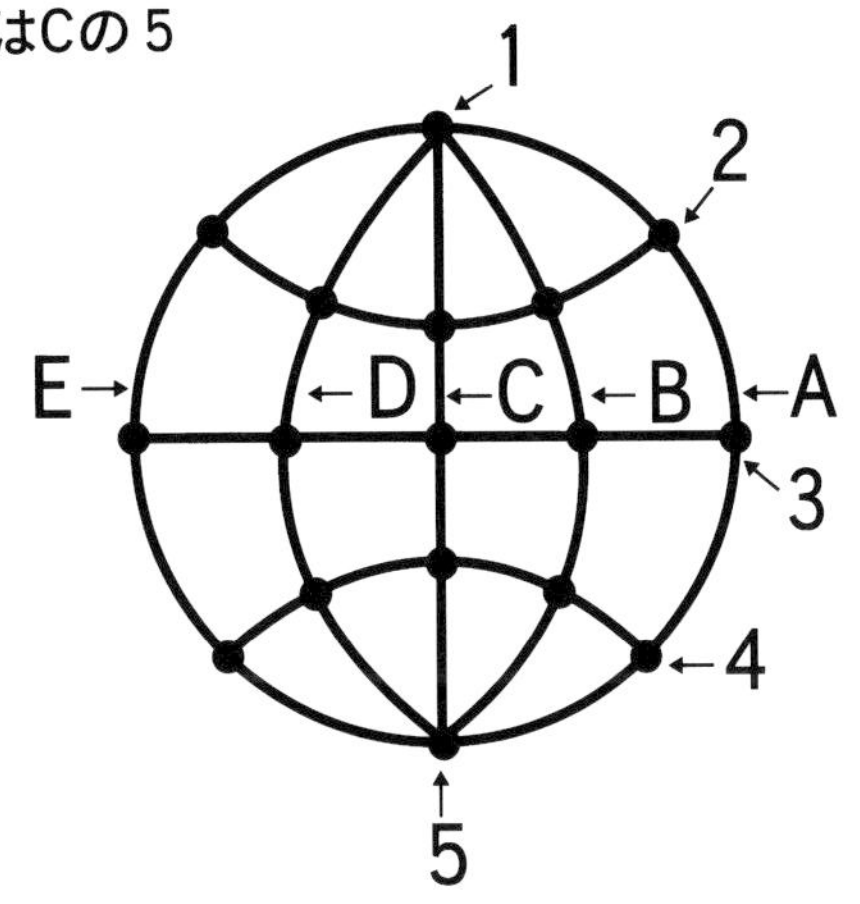

＜選手から見たボールの打球位置＞

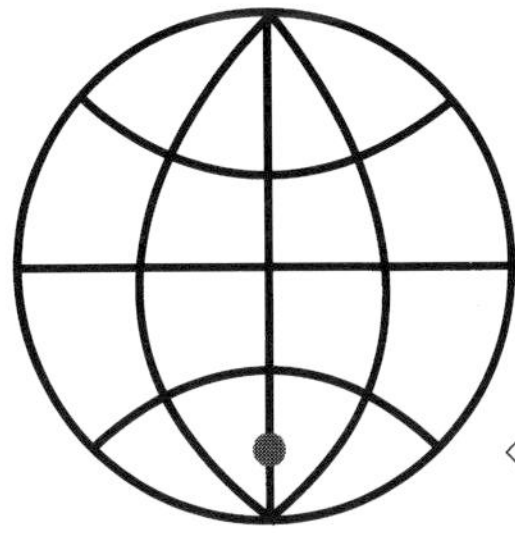

⇦はらうレシーブはCの４と５の中間

対下回転のフリックレシーブ（上）とストップレシーブ（下）

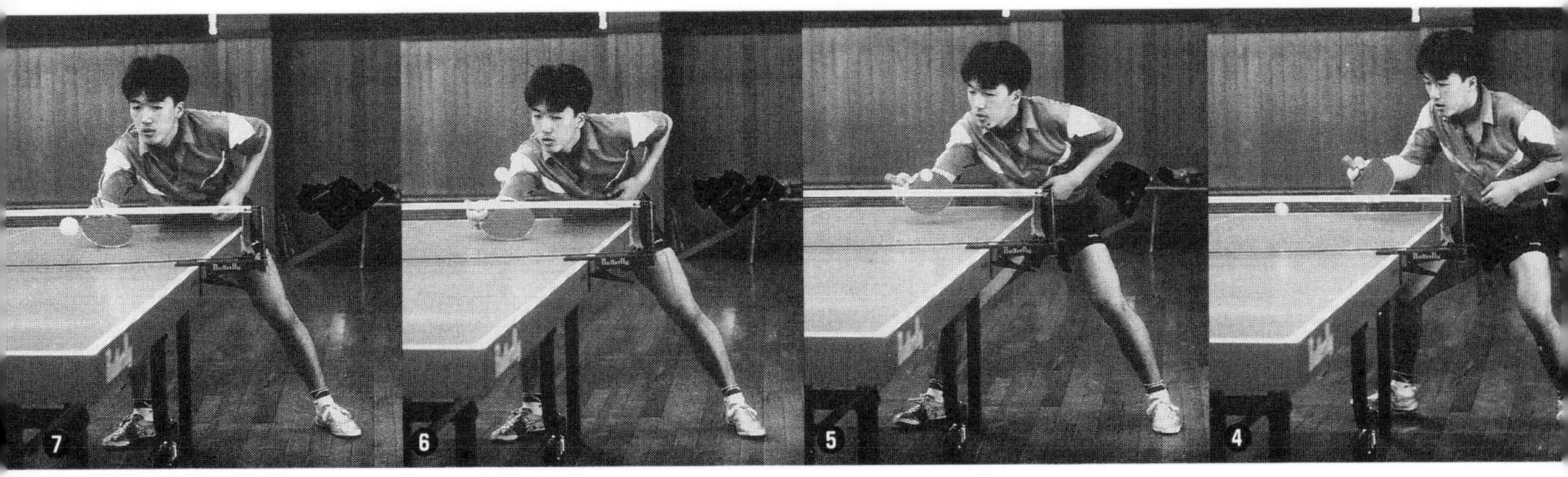

技術編
LESSON
レッスン
3

レシーブ上達法
順法・逆法レシーブのマスター

2 下横下回転(主に右ききのフォアハンドサービス)のサービスに対するレシーブ

①ツッツキによるレシーブ

フォアのツッツキでレシーブする場合は、ボールの右外下を前方向につっつく(逆法＝Bの4を打球)。相手のフォアに返球するときはスイングをかぶせめに、バック側に返球するときは打球面は変えず開きめのスイングで打球します(順法＝Dの4)。バックのツッツキでレシーブするときは、ボールの打球面はフォアと同じ右横下で、フォアにレシーブするときは相手のフォアの方向にスイングし、バックにつっつくときは、相手コートのミドル付近をめざしてスイングします。注意したいことは、レシーブのコースを変えるときにスイングは少し変わるが打球面はほとんど変わらないことです。

②はらいによるレシーブ

フォアハンドのはらいでレシーブするときは体の前方で打ち、打球面はツッツキと同じく右外下(Bの4)で、スイングは手首中心で斜め下から斜め上の方向にはじく感じでスイングします。バックハンドのはらいでレシーブするときは体の横で打球面はツッツキと同じで、スイングは斜め下から斜め上の上向きにし、はじく感じでスイングします。

対右横回転の順法レシーブ(上)と逆法レシーブ(下)

右横回転に対して、右から左にラケットを動かしレシーブすると順法(上)、左から右に動かすと逆法(下)。左横回転のサービスに対しては逆になる(右から左に動かすと逆法、左から右が順法)

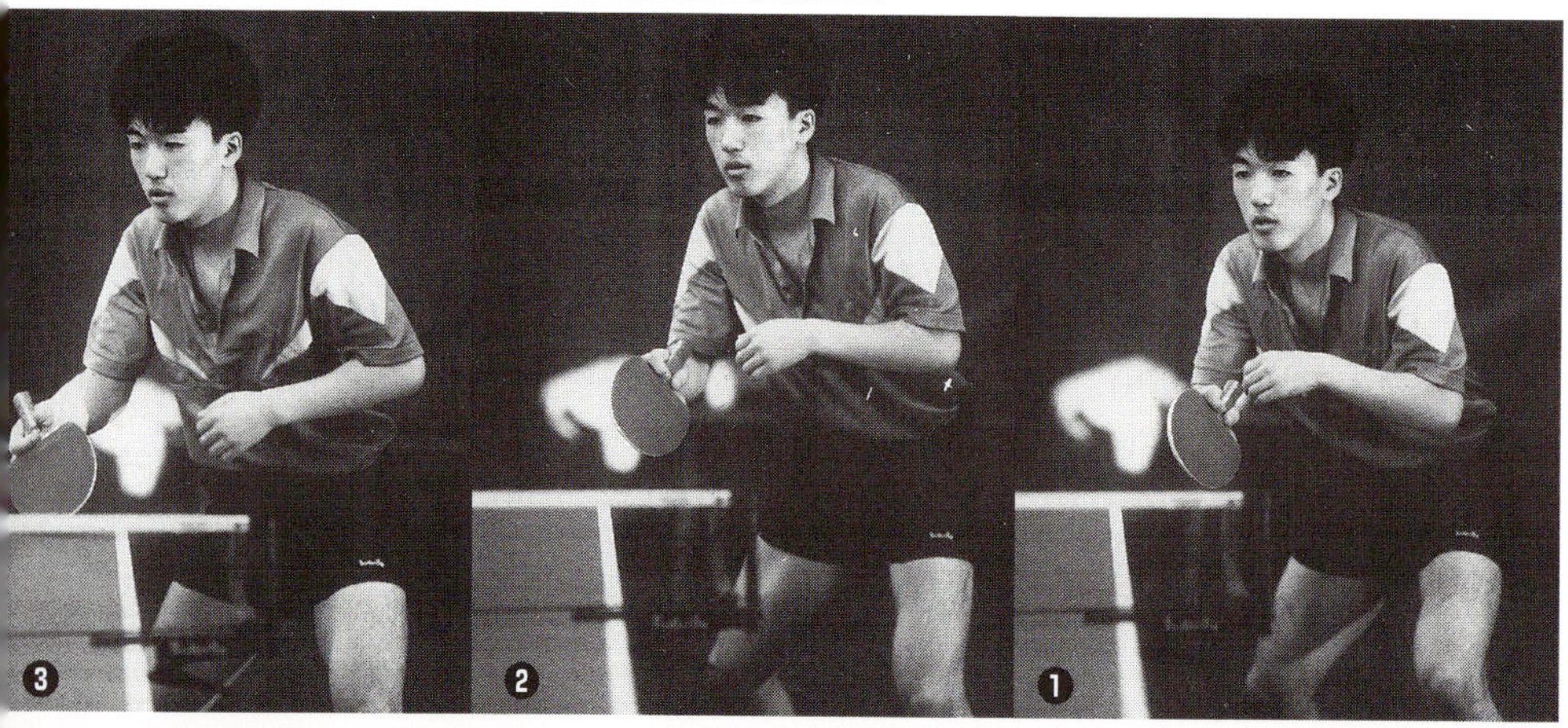

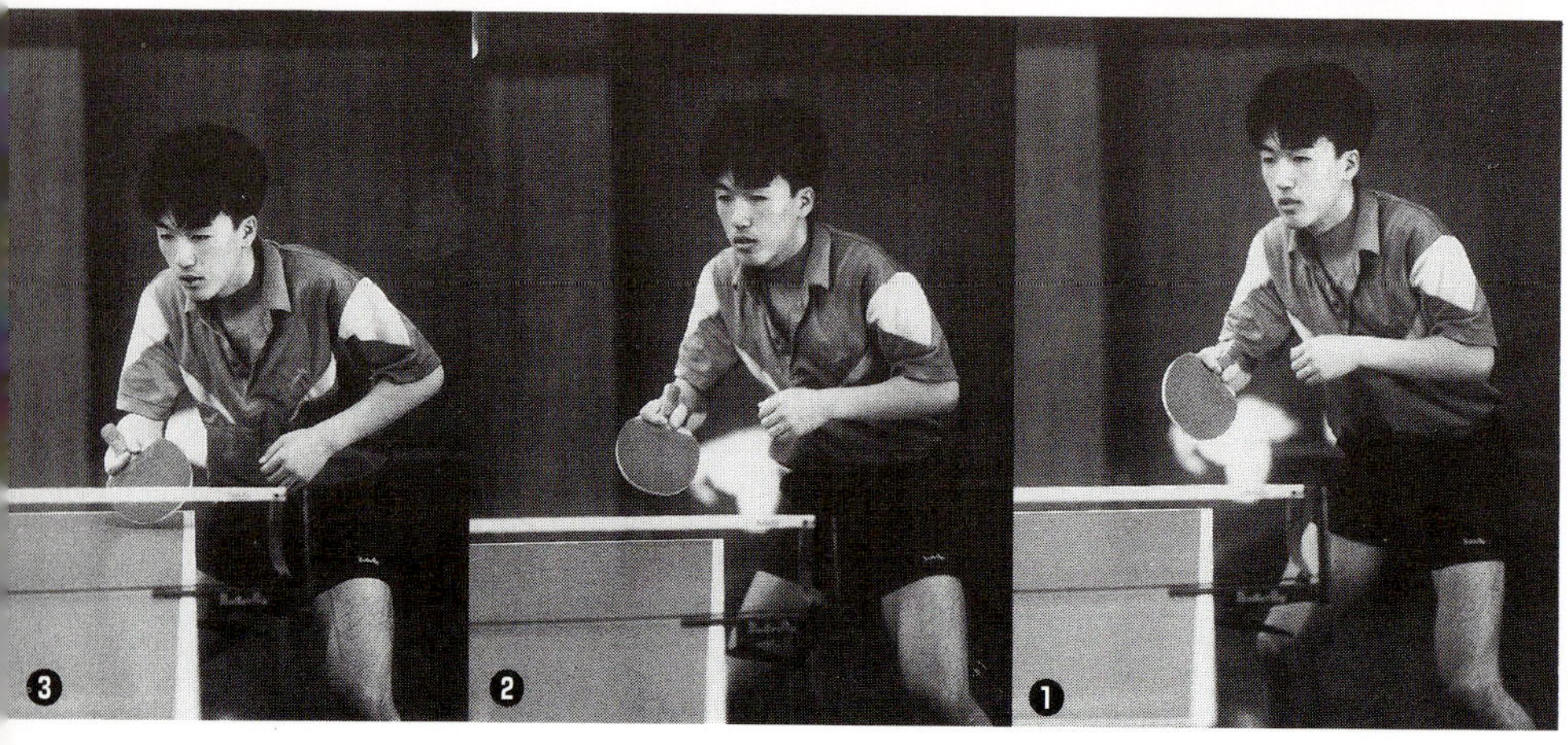

〈対右横下回転のレシーブのラケットの動き〉

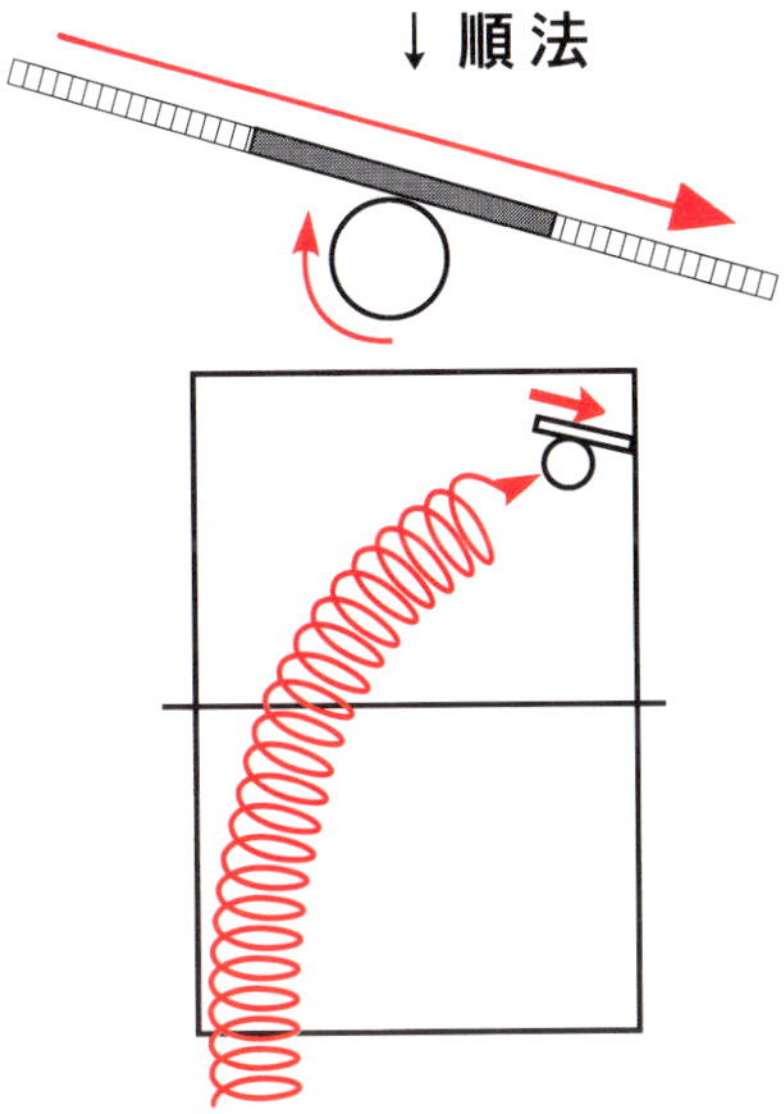

●ツッツキは順法がDの４。
逆法がBの４(対右横下回転)

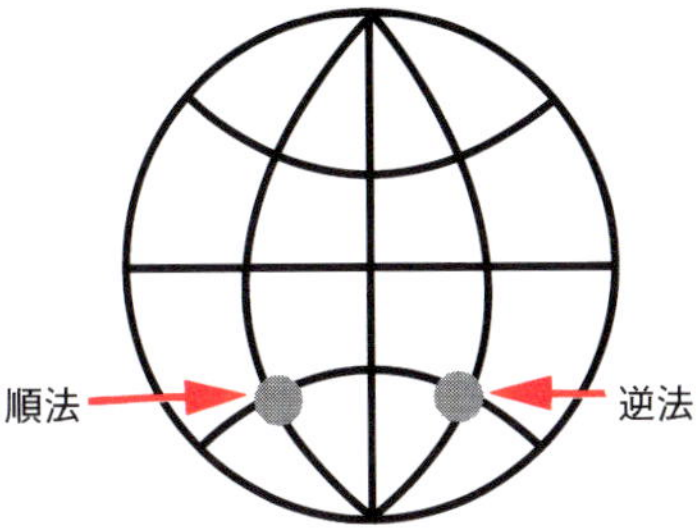

●はらいはBの４を打球
(対右横下回転)

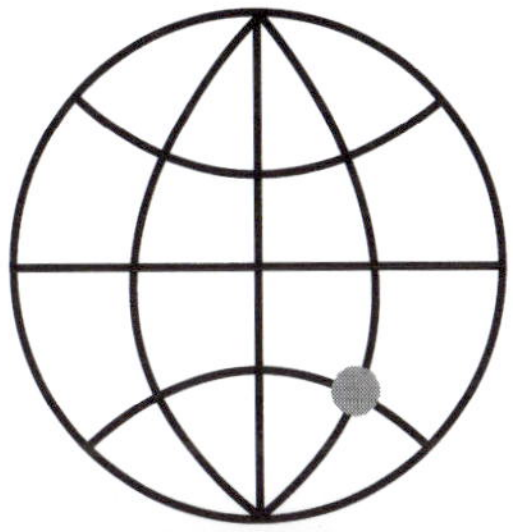

レシーブ上達法

対横回転レシーブは難しくない

3 左横下回転（主に右ききのバックサービス）のサービスに対するレシーブ

①ツッツキとはらい

バックでレシーブする場合、左横下をツッツキます（逆法＝Dの4。順法のときはBの4）。また、はらいの技もツッツキと同じ面を打つように心掛け、上体をなるべく台上に入れ、体の横で打つようにすると角度が出やすくなります（Dの4）。

対左横回転の順法レシーブ

POINT　*回転に逆らわないのが順法*

右利きのバックの横回転サービスはふつうに当てると左に（サーバーのフォア）飛んでいく性質を持っている。それに対してレシーバーがラケットを左から右に動かすと順法レシーブ、つまり回転に逆らわないレシーブ法である。下の写真の上はツッツキによる順法レシーブ、下はフリック（はらい）による順法レシーブ。逆の回転（右利きのフォアの横回転）に対してはこれは逆法レシーブになる

〈対左横下回転のレシーブのラケットの動き〉

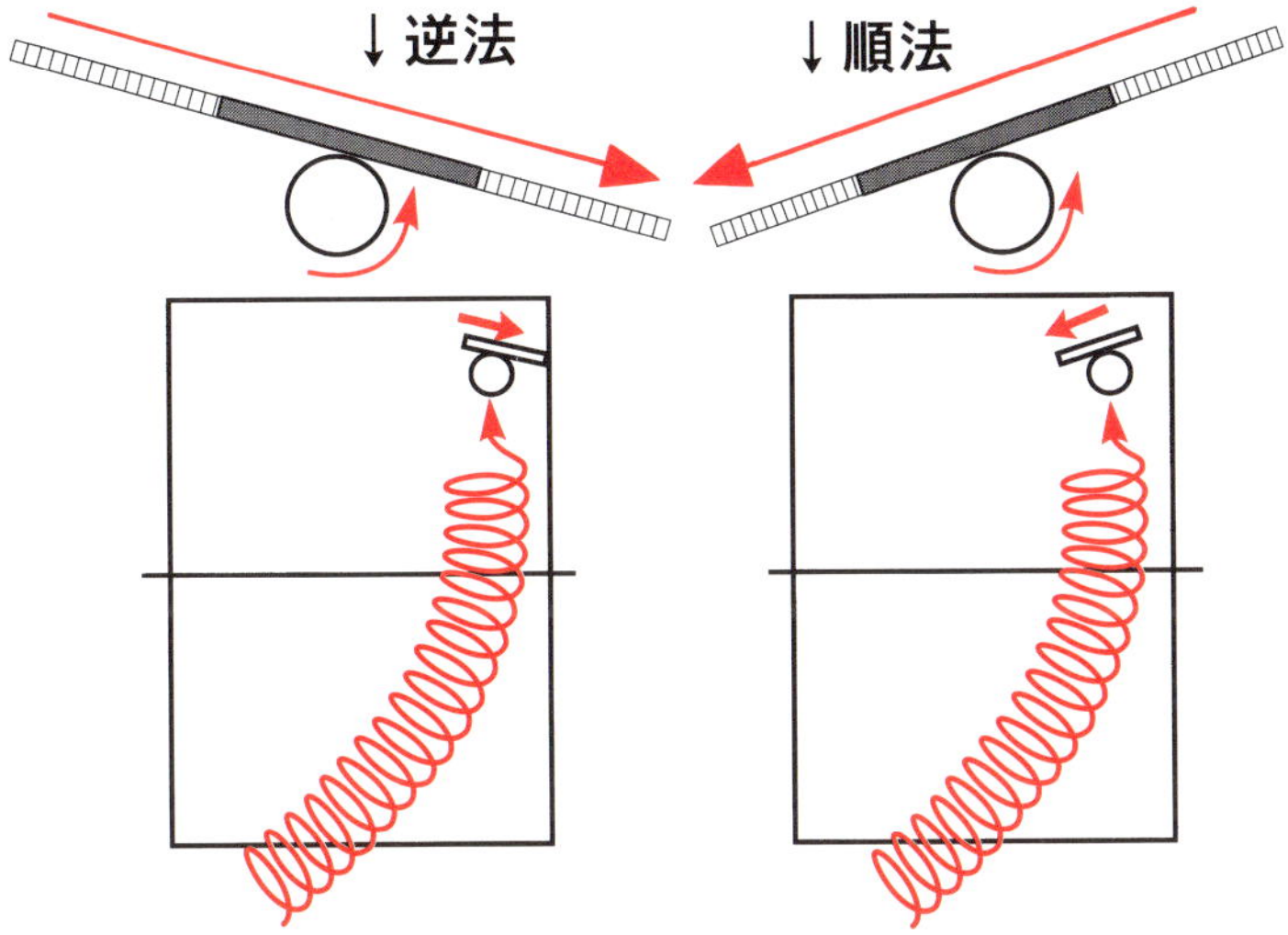

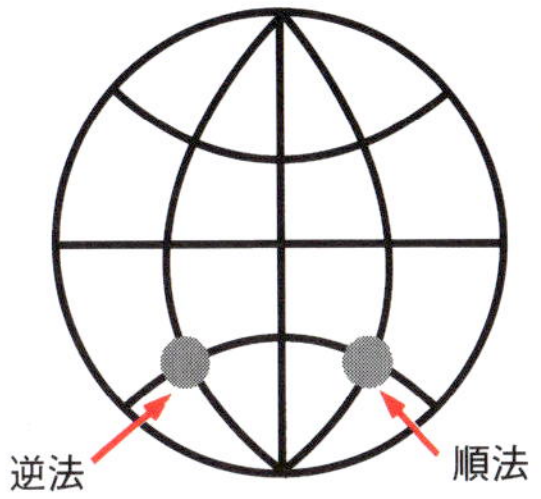

●ツッツキの順法はBの4。逆法はDの4（対左横回転）

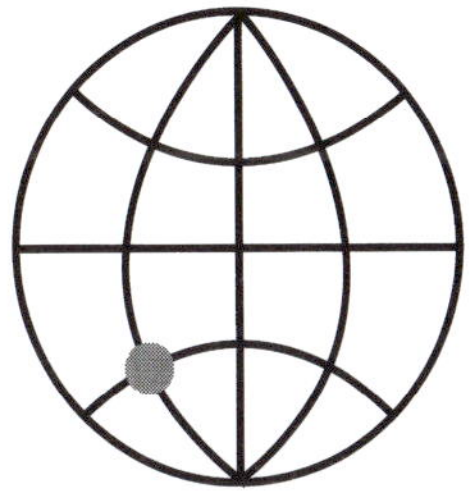

●はらいはDの4

レシーブ上達法

試合で役立つレシーブ練習

4 ナックル（無回転）のサービスに対するレシーブ

①ドライブレシーブ

長いナックルサービスに対して、当てるだけではネットミスをしてしまいます（ボール自体に回転が少ないために反発力がない）。打球点は頂点からやや落としたところ（下降前期）で、ドライブをかけて返球します（Cの2）。

②サイドスピンショートによるレシーブ

ペンホルダー選手がバック系技術でレシーブするときは、ややサイドスピン（右きき・ボールの左横）をかけてやや押し気味に、返球します（Dの3と4の中間）。

③はらいのレシーブ

短いナックルサービスに対しては、つっつくとボールが浮きやすいので、はらいのレシーブを用います。手首中心のフリックでラケット角度をすこしかぶせ気味にして、トップスピンを少し与えながらはらいます（Cの1と2の中間）。

大きいナックルサービスは反発力がなく、そのまま当てるとネットミスする

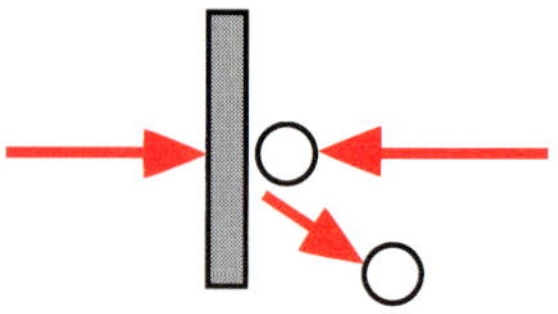

小さいナックルサービスはつっつくと高い返球になりがち

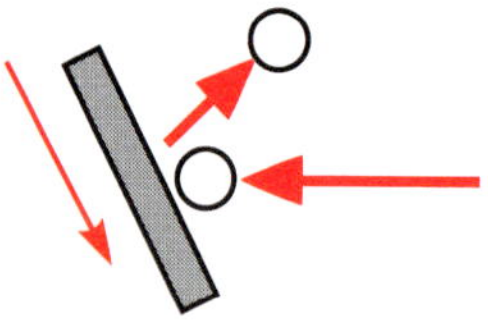

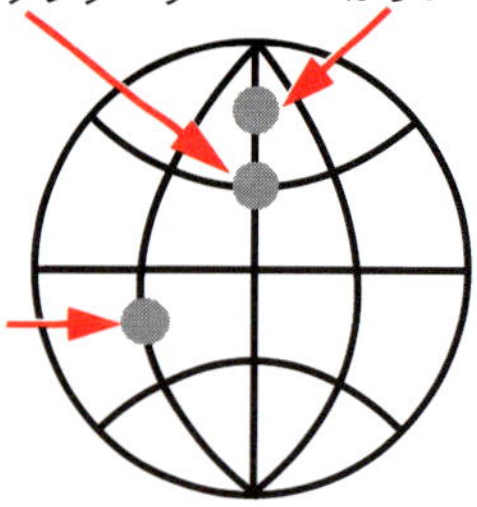

POINT **小さいナックルサービスはオーバーミスに注意。大きく速いナックルサービスはネットミスに注意**

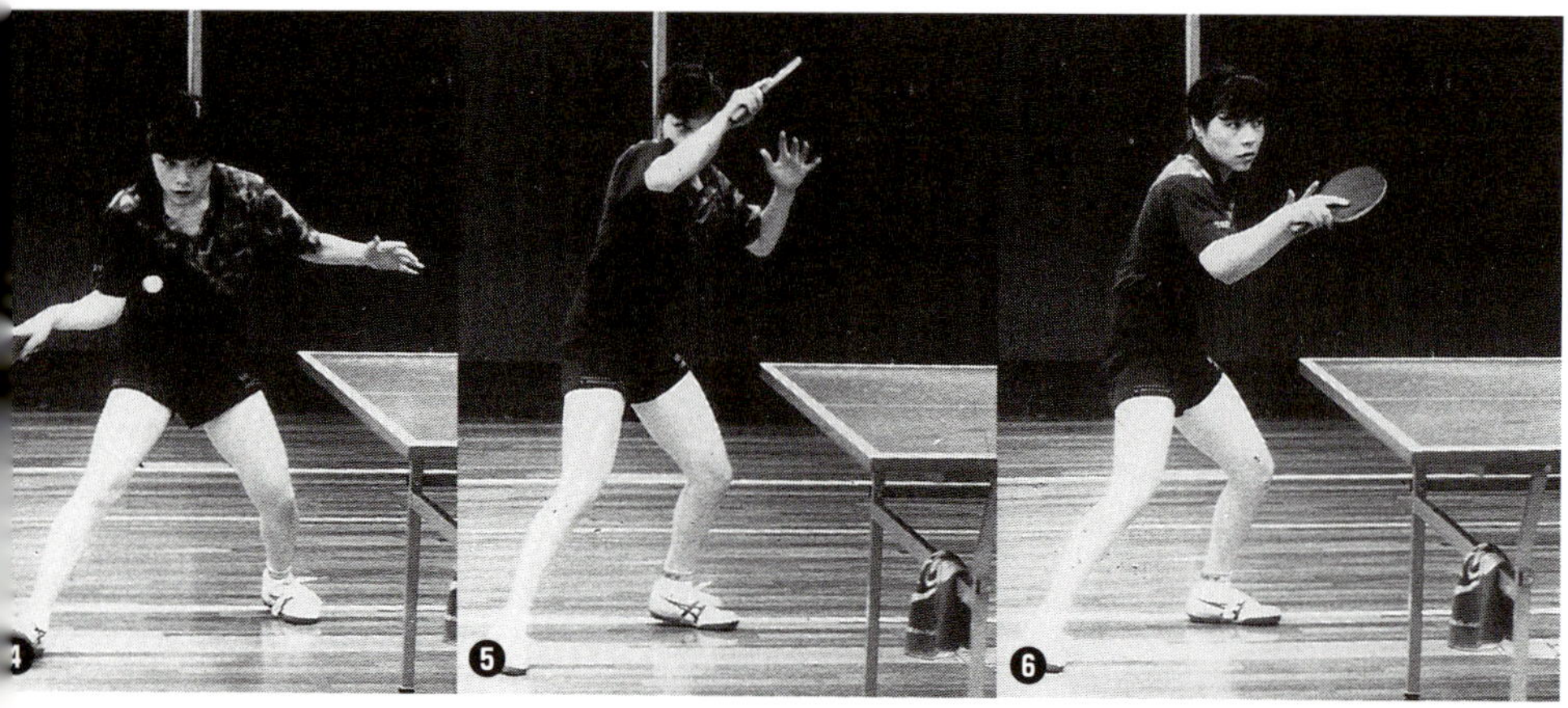

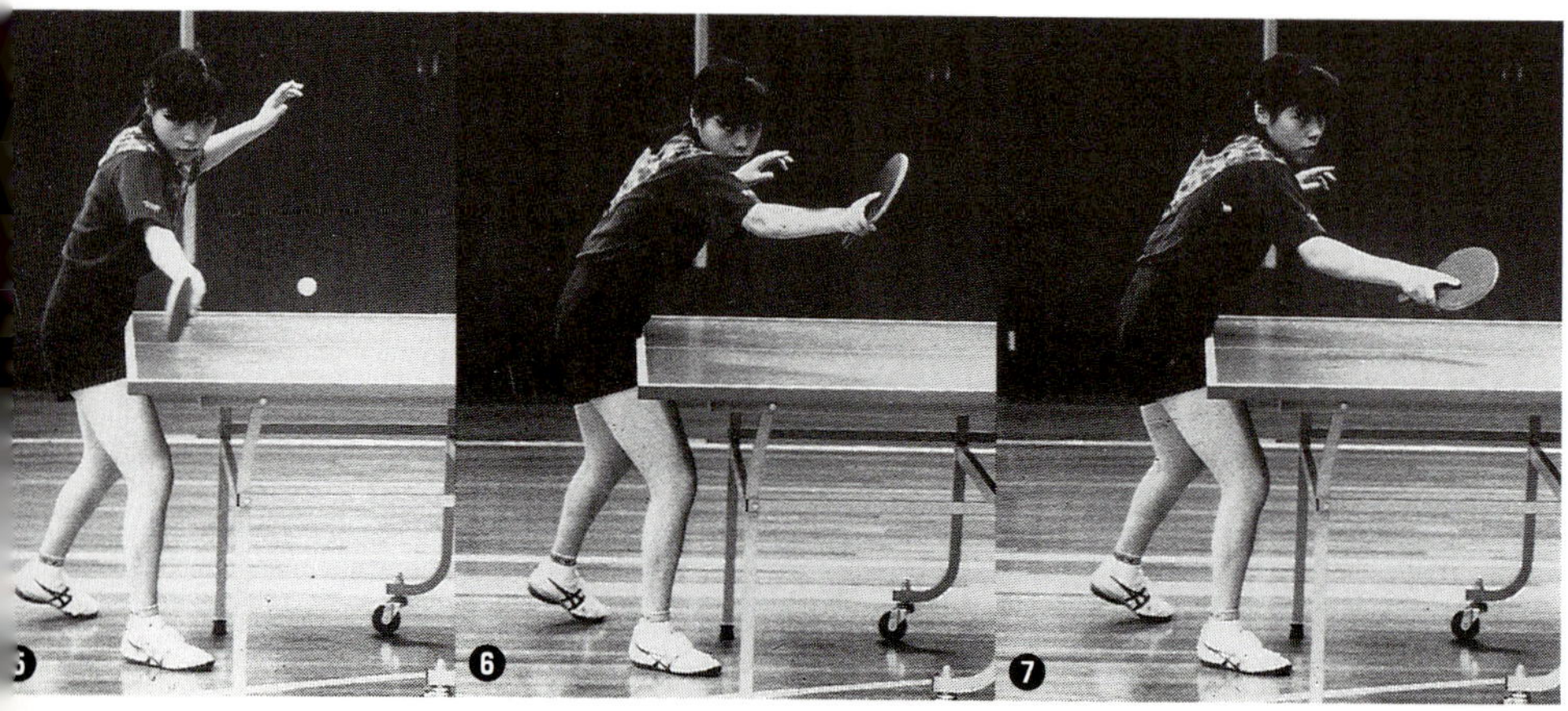

練習方法

◆レシーブゲーム

第1段階は、サービスの回転とコースを決めて返し方を覚えるようにします。返球場所は、ミドルを入れる場合もありますが、主に4つ。フォア前、フォアに深く、バック前、バックに深く。そして感覚がつかめたら、サービスが出されることが多いフォア前と、バック深くに自由に出してもらってレシーブします。

第2段階は、サービスを全面に自由に出してもらいレシーブします。あるいはサービスゲームやレシーブゲームもよいでしょう。これは10オールから一方が全部サービスを持つゲームです。レシーブ能力の弱い人は、点があまり取れません。サービス、レシーブだけの練習をしていても、試合になるとうまくできないときがあります。大体できるようになったら、ゲームの中で覚えていきましょう。

第3段階はサービス側のコートに2人ついてもらい、一人はバックハンドサービス、もう一人はフォアハンドサービスを出します。そして二人同時にトスしますが、実際にサービスするのは一人です（ひとりは空振りする）。これはレシーブ側の判断力を高める練習になります。

対ナックルのドライブレシーブ（上）とフリック（下）

ドライブレシーブ（上）／スピードのあるナックルロングサービスに対しては、あわてて打つとネットミスになる。ボール自体に反発力がないからだ。ドライブレシーブのときは打球点は下降前期、コンパクトなスイングでよく引きつけて回転をかけて返す
フリック（下）／小さいナックルサービスはつっつくと浮くので、ラケットをたて気味にしてつっつくか、写真のように台上フリック（はらい）で返す。❶〜❹で右足を振み込みながらバックスイング。❺〜❻でインパクト。ラケットはかぶせ気味にして、オーバーミスをしないよう注意して、前方向に振っていく

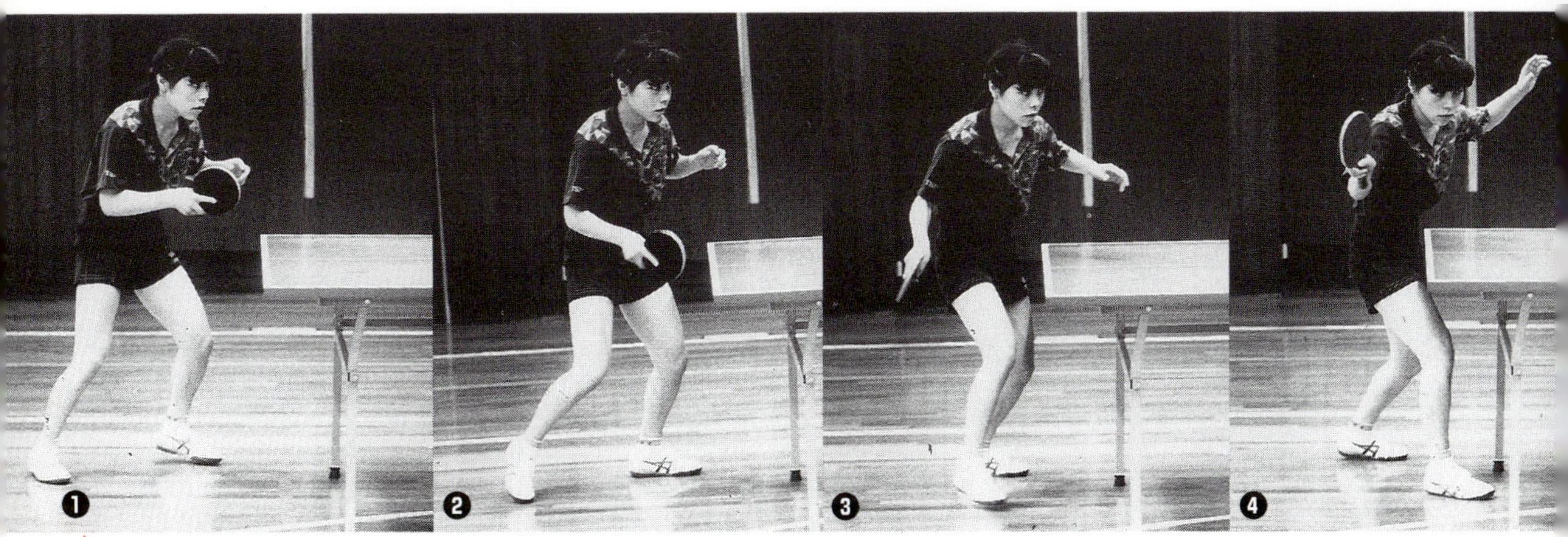

応用編
Build Up 1

各戦型の練習と技作り

シェークハンド攻撃型

グリップ

◆瞬間的に変える

グリップの裏面の人さし指がラケットの中央近くに位置する1本差しグリップ（長谷川信彦選手・六七年世界チャンピオン）もありますが、一般的には（右ききの）人さし指の位置はラケットの右端に位置します。親指は表面で支えます。

サービスのときはサービスの出しやすいグリップ、またフォア前のレシーブなどは一般的にやりにくい技なので、その技がやりやすいグリップに瞬間的に変える必要があります。

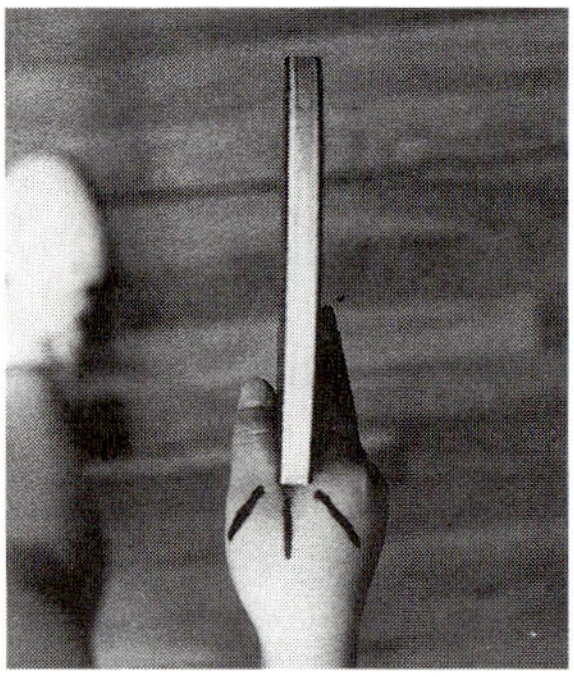
ニュートラルグリップ

パーソン（一九九一年世界チャンピオン）のグリップ

王涛（一九九一、九三年世界ダブルスチャンピオン）のグリップ

特徴を生かすための技作り

◆利点はバックハンド

シェークハンドの魅力は、なんといってもフォア・バック両面が使えるということです。その中でも両ハンドで前陣でプレーする人、中陣でプレーする人、あるいはフォアハンドドライブを多く使う人もいますが、いずれにしてもペンホルダーと違うのは、バックハンドがやりやすいことです。

色々なタイプがありますが、バックハンドドライブ、あるいはバックハンドの強打などをラリーの中にひとつ入れて、そこからフォアハンドの連打で攻めていく、または、バックを6割、フォアを4割使う、というバック主戦型もあります。実際の試合では、圧倒的にバック対バックのラリーが多いので、シェークハンドの特徴であるバックドライブやバックハンド強打などの技を入れていくと有利になります。

Q&A

Q・シェーク攻撃型ですが、フォアドライブに威力が出るように深くがっちり握っていますが、台上処理がうまくできません。

A・深く握れば、当然手首は使いにくくなります。手首が使いにくくなれば、台上処理がやりにくいです。そこでレシーブのときは、少し浅く持つようにして、レシーブの角度が出しやすいようもちかえることです。

サービスのときにグリップをずらし、手首が使いやすい握りにすることもある

1993年世界選手権２位のセイブ（ベルギー）。得意のフォアハンドドライブに加えて、バックハンドでも回転のかかったドライブやカウンター攻撃ができる。現代卓球では両ハンドで攻守ができるオールラウンドプレーがチャンピオンの条件になっている

シェークハンド攻撃型

シェークはバックハンドを生かそう

福原愛（グランプリ）のバックハンド攻撃

カットでしのぐ（鄧亜萍）

打てないときは無理をせずに、低いカットでしのぎ、チャンスを待つ

1

2

3

◆多彩なバック技術はシェークの長所

バックの技が多彩に使える、バックで強い攻撃ができ得点になる、というのがシェークハンドの利点です。そのためには、まずバッククロスだけでいろいろな技を身につけ、それから応用練習を取り入れるのがよいでしょう。

佐藤利香選手（一九八八、九一年全日本チャンピオン）は、バックドライブが得意でした。彼女は、第1段階で、バックのドライブだけ、あるいはハーフボレーだけの練習をし、さらにそれらを混ぜた練習をしました。さらにレシーブをバックにつっついてもらってバックのドライブ、そして返ってきたボールをプッシュする、あるいはスマッシュするという訓練をしました。また、ツッツキをオールに送ってもらい、バックに来たときは、バックドライブ、フォアに来たときはフォアドライブで攻める。そして次のラリーから全面でフリー、というような練習を多くしました。

シェークハンドの最大の利点はバックハンドが振りやすく、力強いボールが打てることだ。写真はボル（ドイツ）

バックだけを練習しているとスタンス（足の構え）の関係でフォアとの連係が難しくなるので、バックを練習するときでもフォアとの結びつきを考える応用練習が大切です。つまり、右足前でバックハンドを振ったり、左足前で振ったりする必要があります。また、足や腰の切りかえ、フットワークでの微調整なども正確に実行しましょう。

試合では、自分の長所は簡単に出させてくれません。相手は、バックに返すとバックドライブが来てやりにくいと思えば、フォアに回してきますから、フォアも強化していかなければなりません。バックハンド、プッシュ、ナックルショートなど、バック系の技を多彩にして、そこからフォアに結びつける、または連続してバックで攻め、点を取るという練習が必要です。

ツッツキに対してバック系の技は、ミート打ち、バックドライブ、曲がるツッツキなど多彩な技があります。レシーブにしても、ツッツキしかできないと、相手に待たれてしまうので、台上ではらうことも覚えましょう。バックハンドでいろんな技ができ、なおかつ、台のそばでも台から離れてもそれらの技が使えるところまで高めていきたいものです。

シェークハンド攻撃型

バックハンドドライブの打ち方

バックハンドドライブはフリスビーを投げるような感じで打つ

●ひざの曲げ伸ばしを使い、ひじを中心にしたスイングになる

バックハンドドライブ（対ツッツキ）

◆ひじを中心にして、ひざの曲げ伸ばしを使う

バックスイングで両足のひざを少し曲げ、ラケットは体の中央の下方向に引きます。ひじを中心にスイングし、手首を使いながらボールに回転をかけます。打つ瞬間に力が集約するようグリップを強くにぎります。腕や手首だけの力でなく、ひざの曲げ伸ばしをボールに伝えるような感じで打球します。

打球点は頂点よりやや下です。安定したボールを打つためには右足（右利き）がやや前のほうがよいでしょう。

強ドライブを打つときのバックスイングは左腰（右きき）の左側からスイングをおこし、重心も左足から右足に移動しながら腰も回転させながらフルスイングで打ちます。

スイングの方向は斜め下から前方の上の方向にスイングしてボールの左外後方（手前）をこすり、打ちます。ちょうどフリスビーを斜め上の方向に投げる感じでスイングします。

王楠（中国）。シドニーオリンピック女子シングルス優勝のバックハンドドライブ攻撃。強いトップスピンをかけている

❶基本姿勢でのラケットの位置は台の高さ。ボールが来る前にバックスイングをとるのは危険。❷❸ボールが自分のコートにバウンドするあたりにバックスイングを開始。ひざを曲げ、重心を落とす。手首の返しとひじを使いボールに回転を与える。下回転のボールに対してなので、このひざの屈伸を使うことも大切である

❶から❸にかけてのバックスイングでラケットと手首を体のほうに寄せる。❹〜❻のインパクトにかけて、曲げたひざを伸ばすように上に伸び上がり、ひねった手首を元にもどすようにスイング。ラケットがしなるように振られることが重要。

シェークハンド攻撃型

フォアハンドドライブは多彩に

◆色々なドライブに挑戦しよう

スイングはひじ中心（Mサイズ）か肩中心（Lサイズ）となります。

近年のドライブ打法のスイングは、打球前のバックスイングは大きく、鋭くして、インパクト後のフォロースルーは短くする傾向にあります。この打ち方をすると、次の構えにも早くもどれます。

打球点はバウンドしたボールが頂点付近から下降後期までの間。また、カウンタードライブといって、相手のドライブが自分のコートに弾み上昇中にドライブして、返すという技もあります。

ボールの後部から上部の間、また右外側、左内側などいくつもの打球面があります。ボールをこすり、回転をかけて相手のコートに入れるわけですが、伸びるドライブ、左右に曲がるドライブ、さらに沈むドライブなど、色々なドライブの種類があります。

●左右に曲がるドライブは打球面を変える

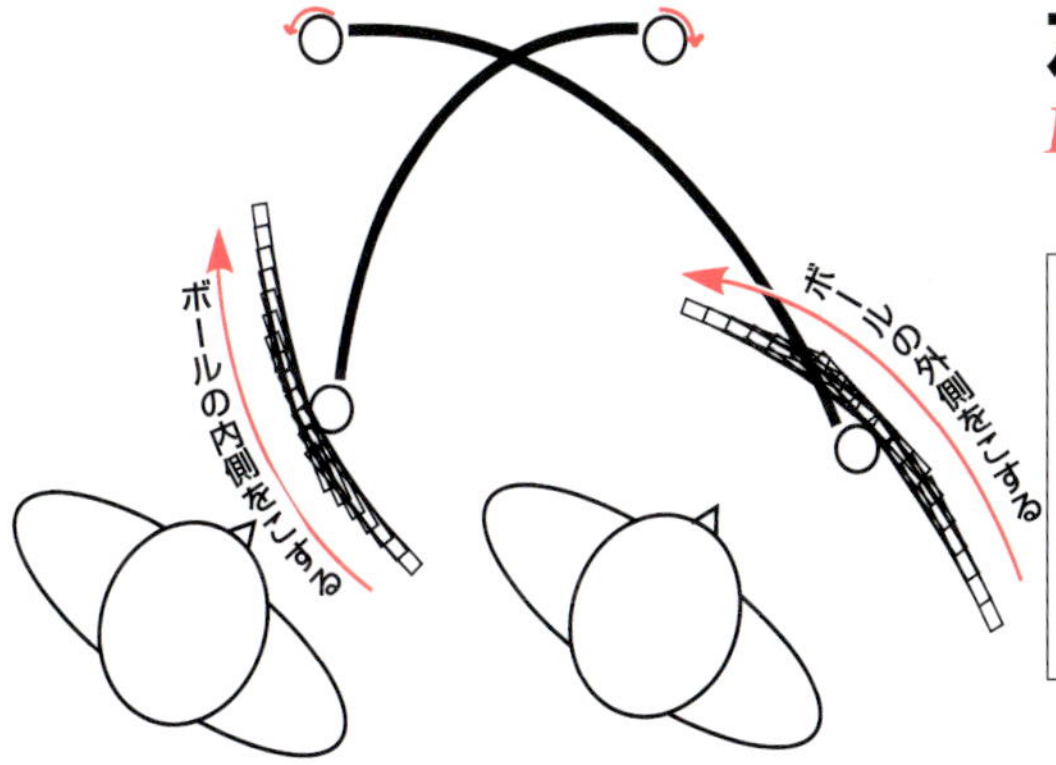

左右に曲がるドライブ（ワルドナー）

POINT　*ボールの打球面を変える*

１本のラリーの中で左右に曲がるドライブを打ち分けるワルドナー。❶〜❺で外にシュートしながら曲がるドライブを打つ。❸のインパクトを見ると、ボールの左側を打球しているのがわかる。⓫〜⓯ではカーブするドライブ。ボールの右外側を打球し、ボールは大きくサイドラインを切るように曲がる。足のスタンスを広くとって腰を安定させ、ひざ、腰の回転などを十分に使い打球している

シェークハンド攻撃型

ミドルの弱点を体の使い方で克服しよう

◆あわてないで引きつけて打つ

シェークハンドの弱点はミドル、特にフォアミドルです。フォアで打とうかバックで打とうかと迷ってしまう所です。そのために、ミドル用のスイングを覚えなければなりません。

フォアハンドでバックに返すときは、流し打ちのようにボールの左側（右きき）を打って返します。また、バックハンドでフォアに返すときはボールの右側をこするように返します。試合になったら、後半は、お互いに欠点のつきあいになります。シェークハンドの人は、ミドルの弱点を克服しましょう。体の前でバウンド直後に返球する方法と引きつけて打つ方法があります。

ミドルを強くする練習方法としては、まずフォア前にサービスを出してもらう。それをバックにレシーブし、相手にフォアか、ミドルか、バック（3ヵ所）にランダムに打ってもらって返球する、という練習があります。これは多球練習でもできます。

フォアハンドによるミドル処理（下／クロスに返球）

❶から❸にかけて左肩を前に出すように体をひねる。スタンスはそのままでも❹のように上半身をひねることにより、「ふところの深さ」ができる。❶の状態でボールを当てるのではなく、❷〜❹のような体の使い方でミドル処理はうまくできる

バックハンドによるミドル処理（上）

体と一緒にひじをフォアよりに移動させながら、ボールの右をこするように返球

もうひとつ、バック対バック、フォア対フォアのラリーからミドルをついてもらう練習です。これはペンホルダーでも同じです。あわててラケットを出すとミスが多くなるので、引きつけて打つようにします。

＜ミドルの練習法＞

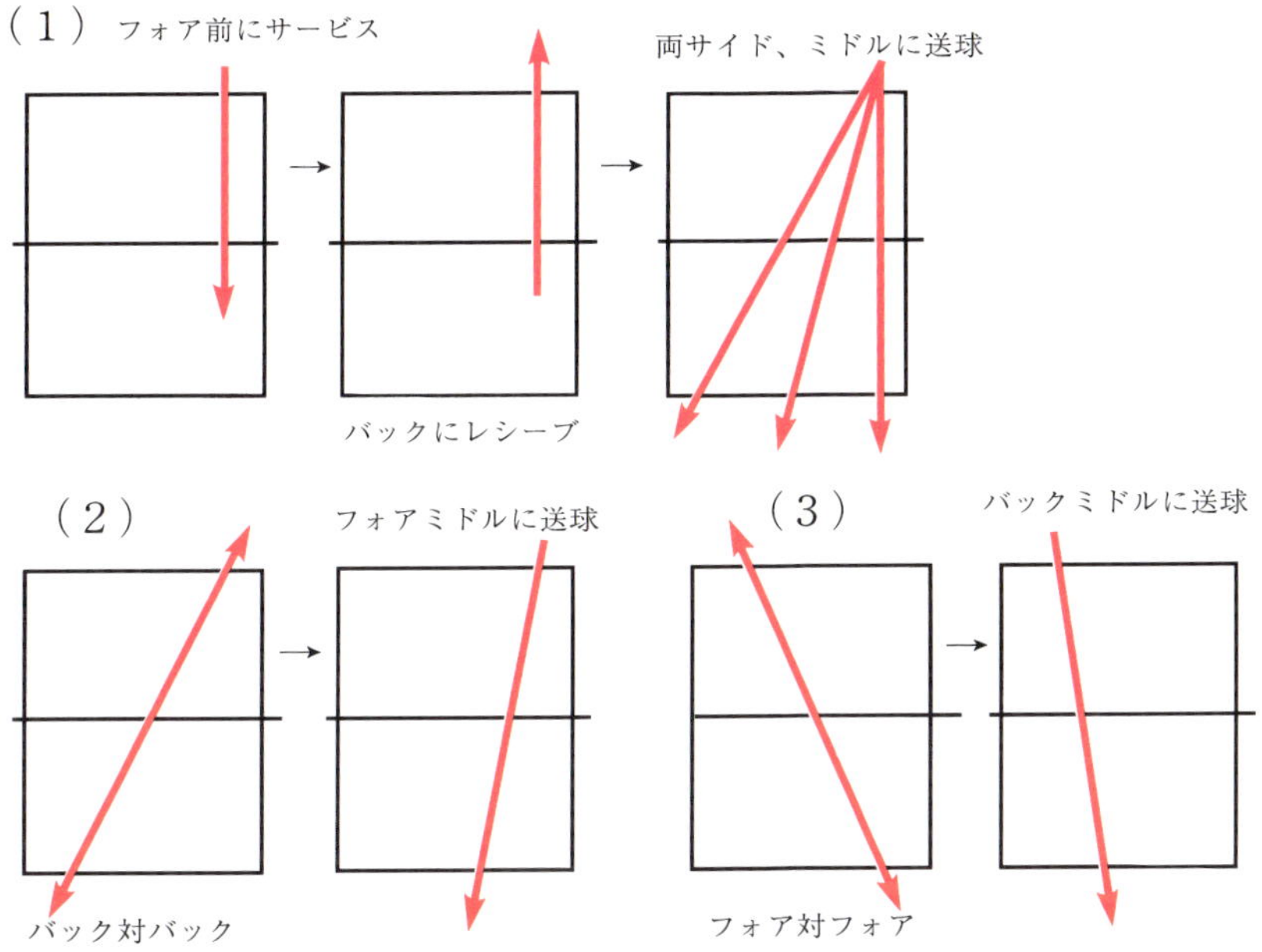

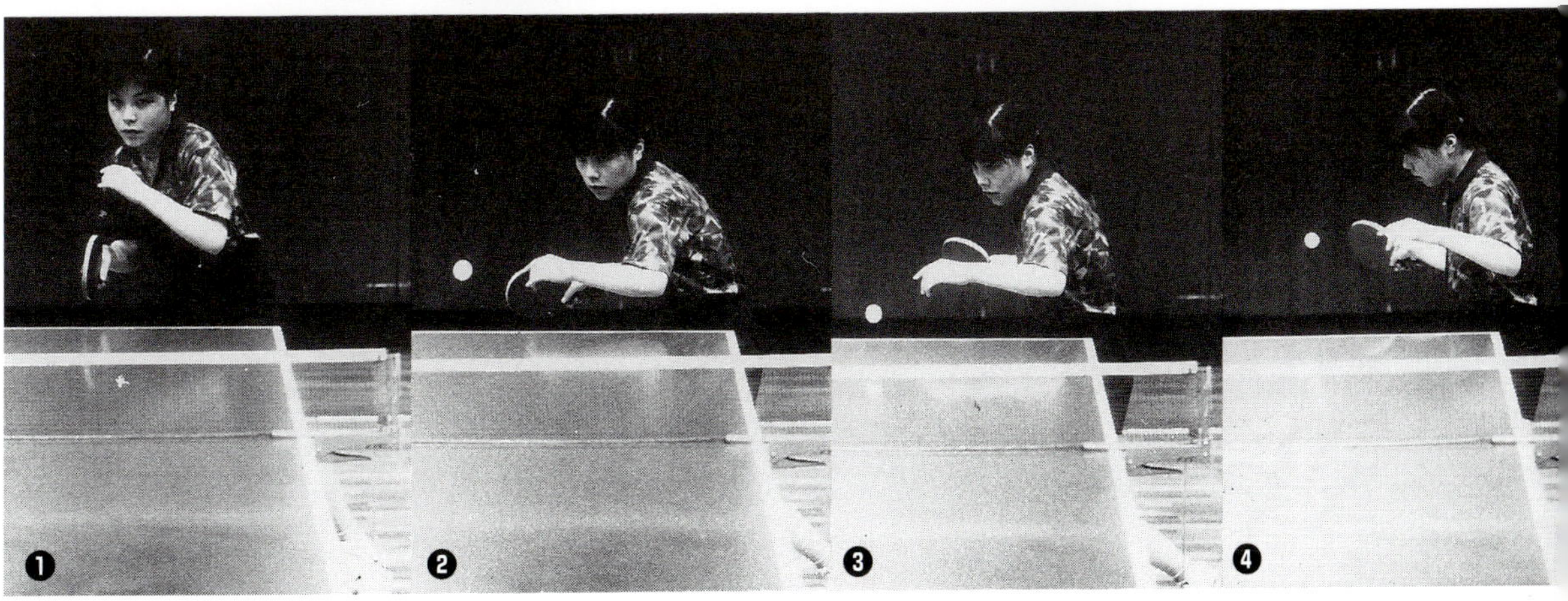

応用編 Build Up 2

各戦型の練習と技作り

ペンホルダードライブ型

グリップ

◆死角のない、全面的なグリップを作ろう

ドライブ型のラケットは丸型と角型があります。角型は遠心力を利用して、フォアハンドの威力を出す、というのが特徴です。丸型は裏面にラバーをはり裏面打法がやりやすいでしょう。グリップは主戦のドライブがやりやすいのは当然ですが、現代卓球ではペンドライブ型でもバックハンドを振ったり、守備技術がこなせなくては試合では勝てません。

そこで、グリップは主戦のフォアドライブの打ちやすさはもちろんですが、同時にバックショートやバックハンドも振れるように工夫しましょう。

大切なポイントは裏面の指です。下の写真のように裏面の指の横をつけて握るようにするとバック系技術もできます。がっちり握りすぎたり、裏面の指の腹をつけて握ることはよくありません。

また、バックショートをするときには親指をラケットから離すと角度がでやすくなりますし、台上プレーのときにはフィンガーワークも使いましょう。

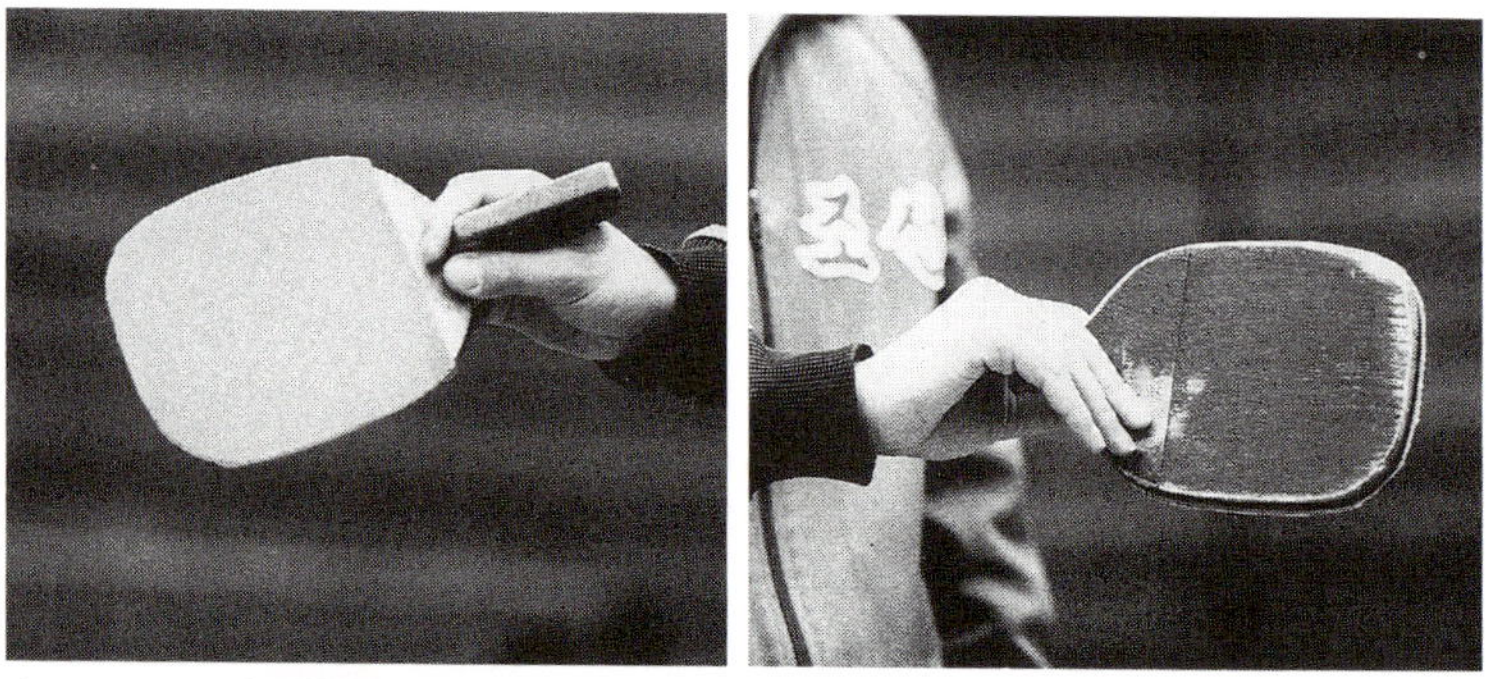

キム・ソンヒ（北朝鮮）のグリップ

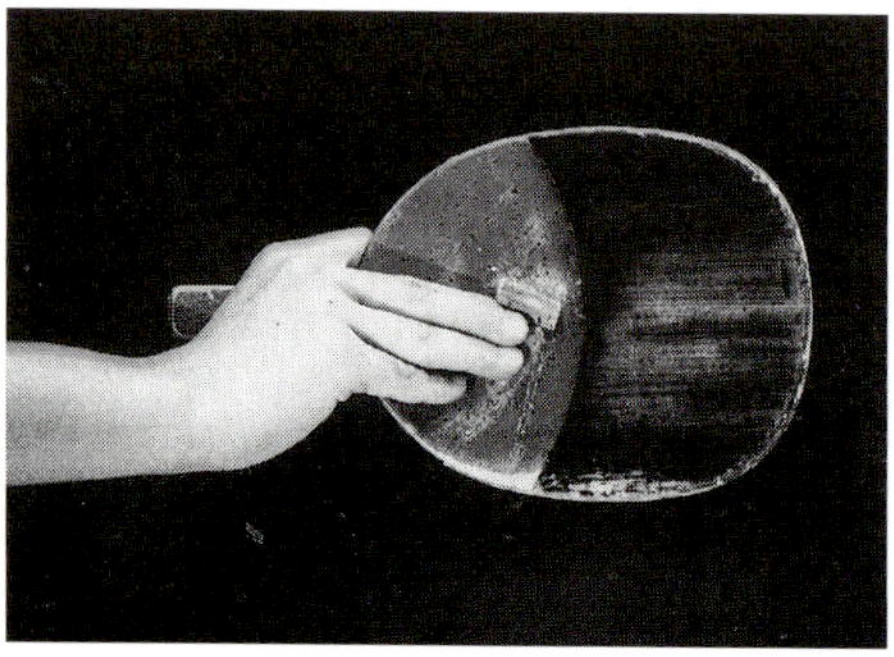

裏面の指の横がラケット面についている（一般的な握り）

バックショートをするときの裏面の指。さらに指の横がラケットにつく

選手から見たときのドライブの打球面

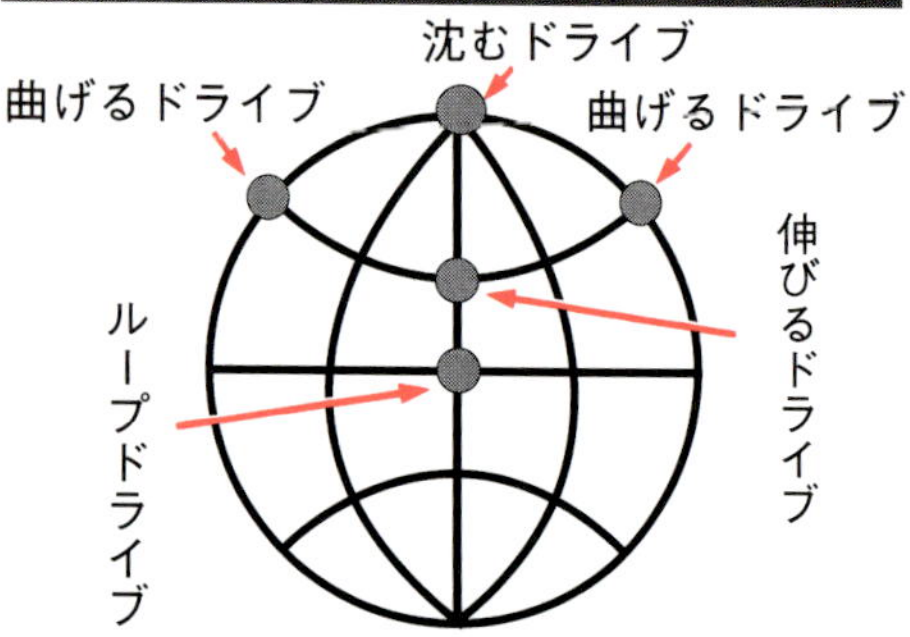

バックショートをするときに親指を瞬間的にラケットを離すとラケット角度が出しやすい

一九八八年オリンピック金メダリストの劉南奎（ユー・ナムキュ／韓国）。フォアのパワードライブと多彩なバック系技術でチャンピオンになった。どんな戦型でもその時代にあったオールラウンド性を持っていれば、頂点に立つことはできる

特徴を生かすための技作り

◆曲げる、伸ばす、沈めるループ性のドライブ

ペンドライブ型は回り込んでのドライブ→フォアへの飛びつきでドライブやスマッシュ、というラリーが多くなります。そこでフォアハンドのドライブの種類を増やし、曲がるドライブ、伸びるドライブ、沈むドライブ、ループ性のドライブ、を覚えることが必要です。これらのドライブは一つひとつ感覚、打球点などが異なります。

曲がるドライブを打つときは、ボールの外側（Aの2）か内側（Eの2）をこすり、右や左に曲げ、フォアやバックのサイドラインを切ります。伸びるドライブの打球面はボールの上部（Cの2）で、速いスイングで強くこすります。体の前方で頂点もしくは頂点に近いところで打ちます。インパクトのボールとの接触時間は短く、インパクトに全身の力を集約します。

沈むドライブの打球面は、ボールの上部（Cの1）、もしくはやや後方です。ラバーにボールを食い込ませ、インパクトのボールとの接触時間は長くし、最大の回転をかけます。相手のコートにバウンドしたボールは小さな弧を描いて沈みます。

ループ性のドライブの打球面はボールの後方（Cの3）。スイングは垂直方向（下から上）で、回転を与えます。体の横のあたりで打ち、打球点は下降後期、つまり、打球点を落としたところで打ちます。相手のコートのネット近くに（浅めに）落とすと効果的で相手のタイミングを狂わす効果もあります。またカットマンに対してはチャンスボールの準備球として使えます。

Q&A

Q・ペンドライブ型ですが、ドライブに威力をつけるにはどうしたらよいでしょうか。

A・振りを速くして、特にひじをうまく使ってドライブすることが大切。もちろん、腰、ひざというものを回転に変えられるような、体の使い方も大事ですけど、威力の出ない人は、ひじを曲げたままドライブすることが多いようです。ひじを伸ばして、曲げる力を利用するようなスイングにすれば威力は増します。

ペンホルダードライブ型

ペンドライブ型はフォアハンドを生かそう

ドライブ型はなるべくたくさんドライブを使って攻めていきたい。❶〜❼で回り込んでフォアドライブ。さらにフォアに返されたボールを交差足のフットワークを使って飛びついて、ドライブ。⓮⓯を見ると、ボールの右横を打球し、曲がるドライブを打っていることがわかる。ペンドライブ型はフットワークを使ったプレーが中心になるので脚力を日頃から鍛えよう

連続で打つパワードライブ（キム・ソンヒ）

POINT　フットワークを生かし、得意のドライブをたくさん使う

応用編
LESSON
レッスン
2

ペンホルダードライブ型

バックの技作りに挑戦しよう

いくつか種類があるバックショートの中で最も攻撃的なのがプッシュ。ひじをインパクトで思いきり伸ばし、ボールをはじくように押す。フリーハンドは同時に強く後ろに引く

コンパクトな振りのバックハンドロング。ひじを支点にしたスイングで、ボールをパチンとはじく

◆バックショート

一般的にペンホルダーの弱点はバックなので、バックの技（バックハンドやショート）を強くする練習が重要です。

ショートはインパクトのときのラケット角度が大切で、上昇中のボールを後方から前方に軽くはじくように打ちます。打球するときは親指をラケットから少し浮かし、ひじの曲げ伸ばしを使いスイングします。下からこすり上げるようなスイングにならないよう、水平もしくは上から下に向けてスイングするよう心掛けたいものです。

打球前はグリップやひじなどの力を抜き、インパクトのときに瞬間的に強くボールとラケットが当たるような感じで打ちます。打球後はすばやく力を抜き、基本の体勢にもどります。体とインパクトの距離は20cm前後くらいで、あまり体から遠くても近すぎてもいけません。スイングはひじの曲げ伸ばしを使います。また、サイドスピンをかけるショート（打球面は左外後方）やナックル性ショート（打球面はボールの上後部上から下にスイング）などの打法があります。

◆バックハンドは攻撃的に

バックハンドは、ひじをわき腹付近に近づけグリップは親指に力を入れ、持ちます。バックスイングはあまり大きく取らずにロングボールに対してはひじを中心にして体の前方で打球し、スイングは水平に近く打球します。バックハンドによるツッツキ打ちのときはやや下方から上方に向けてスイングします。

この技を身につけるためにはシステム練習がよいでしょう。フォアへとびついたのち、バックに送球してもらい、それをバックハンドスマッシュできるように練習します。

サービス後の3球目攻撃でもバックハンドが使えると有利です。さらにはシェークハンドと同じく、バック前のレシーブもツッツキだけでなく、バックでのはらい（フリック）もできるように挑戦しましょう。また、裏面にラバーを貼り、裏面を活用したバックハンドも現在では一般化しています。

バックハンドプッシュ（上）
バックハンドロング（下）

金擇洙のバックハンド

◆シェークに対抗できる技を作ろう

ペンホルダーはバックを強化しなければ、シェークハンドに勝つのは難しいと言えます。バックハンドスマッシュや、プッシュ、サイドスピンショートなどの技を重視しましょう。ペンホルダーはフォアハンドに片寄りがちですが、これからはもっとバックの技を練習したいものです。

シェークハンドの選手はバッククロスのラリーに対し、バックハンドやバックドライブなどがやりやすいですが、ペンホルダーはどうしてもフォアハンドで回り込んで強打するのが一般的です。これからのペンホルダーはバック対バックのラリーで回り込まなくても点が取れるような技を作っていくべきでしょう。それには、まずバックの技を多く用意して、どういう場面でどの技を使うかを考え、システム練習でやると効果的です。

バックとフォアとのコンビネーションの練習も多くやりましょう。そして、シェークハンドと対戦すると、左右に早いピッチで動かされることが多いので、それに対応できるようにしましょう。

応用編
Build Up
3

ペンホルダー速攻型

各戦型の練習と技作り

グリップ

◆左右の切りかえ、台上プレーのやりやすさ

グリップは左右の切りかえや台上の処理がやりやすいように、裏面の指は軽く曲げます。ラケットは台上プレー、ショートのやりやすい丸型が一般的で、表ソフトラバーを使用します。

先手を多く取るために最初のチャンスを逃さず攻撃し、のち、連続的に攻めます。また、頂点前に打球して、少しでも早く相手に返球し、相手が十分に構える時間を与えない、という考え方でプレーします。

特徴を生かすための技作り

◆速いフットワークを身につけよう

ペン速攻型にとっては、ボールを押す、こする、という打球感覚よりも「はじく」ということが一番大切です。しかし、下回転のボールに対しての対応はミート打ちだけでは安定しにくく、競り合ったときなど堅くなって、ミスも出やすいので、表ソフトであってもドライブを使うことが必要です。

速攻型は頂点前に打球することが多いので、速いフットワークが必要です。前中陣で戦うので多彩なショートも大切な技術です。ツッツキ打ちやスマッシュの練習を多くして、後半カウントがせったときでも強い精神力で自信を持って自分の卓球ができるようにしたいものです。

指のフィンガーワークと手首を使いやすくするためには裏面の指がポイント

江加良（一九八五、八七年世界チャンピオン）のグリップ

玄静和（韓国・九三年世界チャンピオン）のグリップ

Q&A

Q・ペン速攻型ですがスマッシュが安定しません。

A・スマッシュミスの原因は色々あります。スマッシュの場合は、ふつう腰の回転を使いながら踏みこんで打球するので、つなぎのボールの打球点より少し前になります。たとえば、相手のボールがドライブだったら、自分のコートで伸びるために、食い込まれ、オーバーミスになるので注意しましょう。スマッシュというのは、強く打つために、もし同じ角度でふつうのボールを打ったら、当然オーバーミスしてしまいます。少しラケット角度を下にして、それで強く打ってもオーバーミスしないようにしましょう。

速攻型は常に打球点の高さと早さを追求するプレーを心掛けよう

ペン表ソフト速攻型。田崎俊雄は抜群の先手率からの両ハンド速攻が得意

ペンホルダー速攻型

速攻型は早い打球点が基本

◆速いラリーで主導権を取ろう

ペン速攻型は上昇中の早い打球点で連続的に攻めるのが最大の特徴。速いラリーで主導権を取り、相手から攻められたときも前陣で対応し、しのぐことが要求されます。早い反応とすばやいフットワークをもとに、胸のすく連続強打、そして、すばやい身のこなしで相手ボールをしのいだかと思うと、そこからの目の覚めるようなカウンタースマッシュ、これこそ速攻型の醍醐味です。

基本姿勢のラケットの高さがポイントだ

フォアとバックの切りかえのときにラケットが下がりながら移動すると早い打球点は得られない。速攻型は常にラケットを高く保つことが大切だ

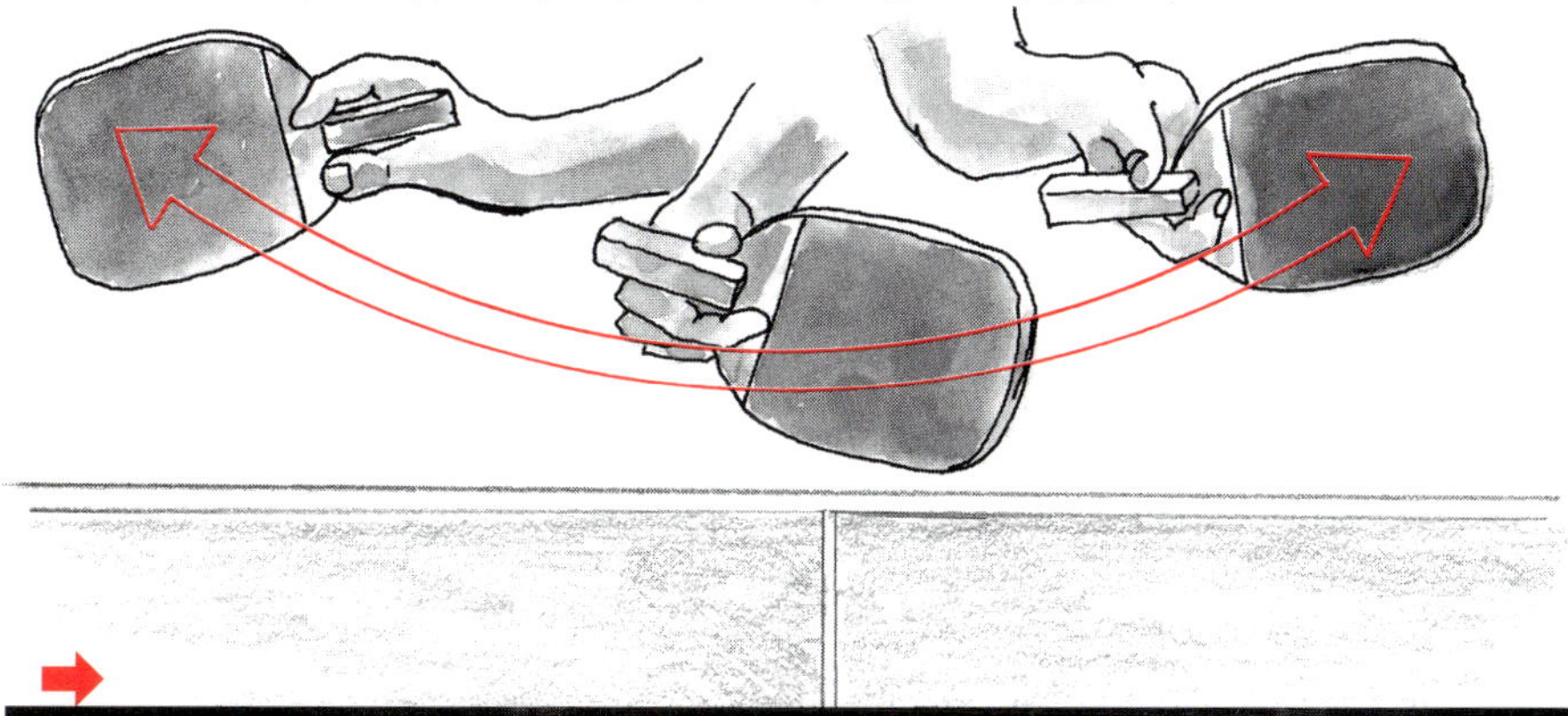
ラケットを台より下に下げないように切りかえを行おう

フォアとバックの切りかえ

（玄静和）

打球点の早さで守りながら攻める

相手から攻められながらも、速いテンポのバックショートとフォア頂点打で対応。完全にラリーの主導権を奪い返した。上体をくずさず、体の前方での打法、そしてバックからフォアへ移るときでもラケットは下がらない。基本の位置でもラケットは高いところで構えている

ペンホルダー速攻型

台上攻撃とバック強打

バックの台上プレー（フリック）

ひじ、手首を中心に使い、バックの台上フリック。最後に指を使いラケットスピードを上げる。速攻型はこのように台上で先手を取ることが大切だ

バックハンドスマッシュ

右肩、右ひじを体の中に入れるようにバックスイング。そして、ひじを返し、腰をひねり返しながらインパクト。ショートだけでなく、このようなバックハンド強打を身につけたい

バック系技術でも得点を狙う

ペンホルダーでも安全に返球するショートとあわせて、プッシュやバックハンドという、攻撃的なバック系技術に挑戦し、3球目でも、下回転のボールに対してバックハンドが振れるようにしたいものです。速攻型は打球点の早さが武器ですが、裏ソフトほど打球に回転がかけられないので、技の種類も限られてしまいます。

表ソフト速攻型にとって、流し打ちやナックル性のバックショートを混ぜることはその特徴を発揮する一つの方法です。また、台上の手首を使ったはらいとストップ性のツッツキなどはやりやすい技です。

サービスでは、表ソフトラバーは一般的には回転がかけにくいものですが、手首やひじ、腰などを正しく使えば、かなり回転がかけられます。3球目速攻のしやすいドライブ性のロングサービスや長めのナックルサービスを中心に、さらには上回転系のショートサービスを出し、3

球目での速攻をやりやすいサービスを工夫しましょう。強い下回転などのサービスも時おり混ぜることも大切です。

裏ソフトラバーを使用した前陣速攻型の選手も、これからの型としては有望です。回転中心の選手が多い中で、回転＋スマッシュなどの早い打球点での攻めができるようになれば、有利なタイプになるでしょう。

田崎俊雄。右ペン表ソフトラバー攻撃型のバックハンドスマッシュ

応用編
Build Up
4

カット型
各戦型の練習と技作り

グリップ

◆両面裏ソフトか異質

浅すぎず、深すぎず、フォアもバックもやりやすい握り方がよいでしょう。一般的には左ページの写真のようなグリップになります。フォア前のレシーブのときや、攻撃のときは少し変えてもよいでしょう。

ラバーはフォアハンド、バックハンドともに裏ソフト（スポンジは中くらいで柔らかめ）か、バック側のみツブ高ラバー（一枚ラバーか薄いスポンジ入り）を使うのが一般的です。

特徴を生かすための技作り

◆カットと攻撃を結びつけたタイプをめざそう

カットマンのおもしろさは相手の前後のゆさぶりドライブからの連続スマッシュ等をカットで粘りきったり、その後の突然のチャンスボールを反撃し、得点したときや、ラリー中、相手のストップを反撃し得点、さらに切ったカットの後、ナックルのカットで相手がオーバーミスしたとき。また、その反対に、ナックル性カットの後、切るカットでネットミスをさせたときなどです。

サービスからの3球目攻撃を仕かけ、相手の戦術をかく乱することもカットマンのおもしろ味とも言えます。しかし、一本取るのに比較的ラリー回数が多いので、体力、精神的な粘り強さが必要です。

現代の卓球ではカットだけでは勝てないので、攻撃もできるプレースタイルが理想です。最初は基本的なカットと動きを身につけ、まずカットを安定させます。そののち、カットの練習中でも浮いたボールに対しては積極的に打っていくようにします。カット中心のプレースタイルでも下回転のカットだけでなく、横回転や無回転の変化カットと攻撃の結びつきによってプレースタイルの幅をつけていきましょう。

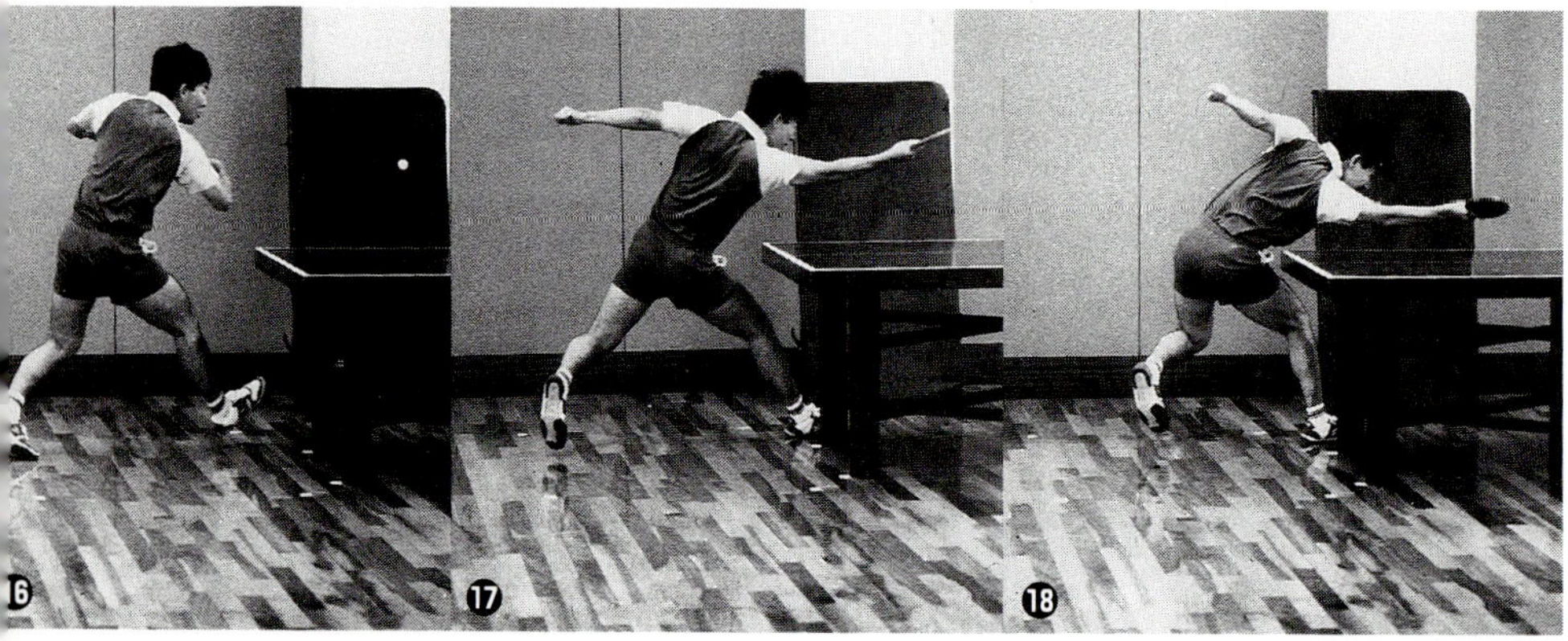

カットからの攻撃 (渋谷浩)

POINT 前に飛び込む力を利用した一撃

❶〜❺台から3〜4m離れてフォアカットをし、そのあとストップされたボールを飛び込んでバックハンドスマッシュ。❾で前に移動しながらバック面がツブ高のラバーのためラケットを反転させ、裏ソフト面でバックハンドスマッシュ。前に飛び込んでいく力をコントロールし、かつ利用しながらの反撃である

渋谷浩のグリップ

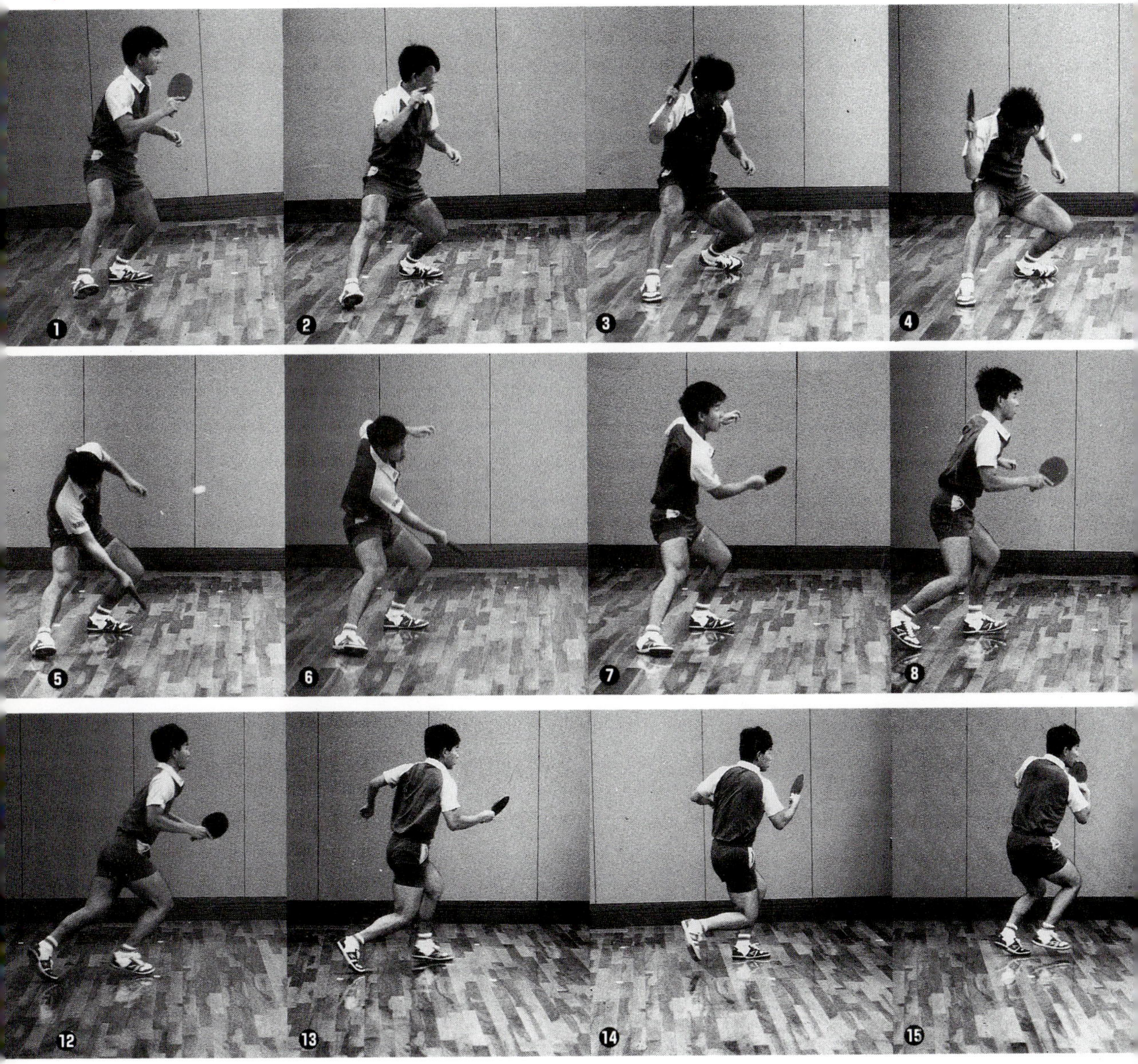

カット型

カットマンの心構え

フォアカットでのスマッシュ処理

台の中央から大きくフォアにスマッシュされたボールに対して、まず両足で動き、そのあと右足の一歩動で大きく飛び付く。下半身の強さ、柔軟性が大切である。台から離れているので、ボールを強くミートしないと返球できない

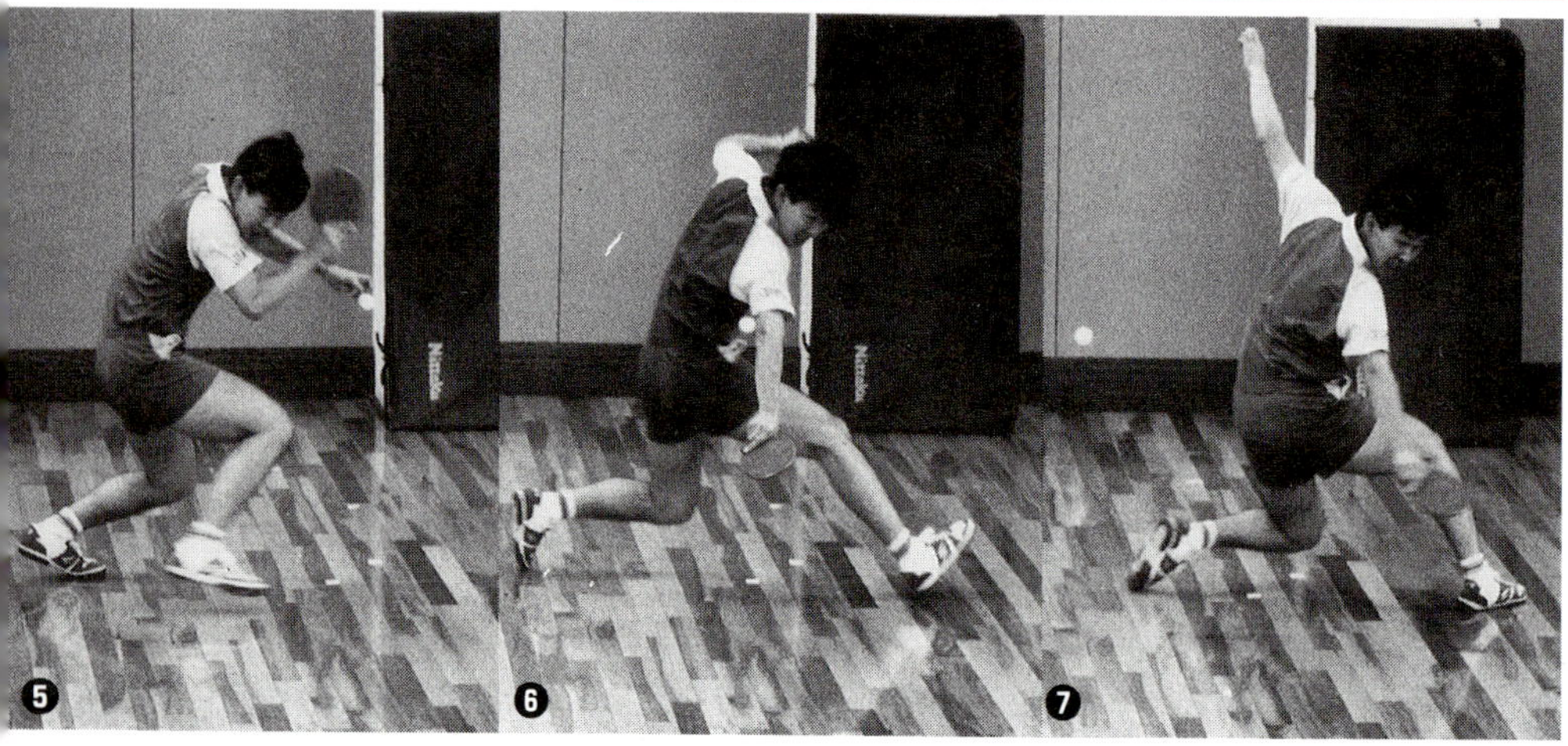

◆カットマンは打たれるのが当たり前

第1段階ではカットをとにかく相手のコートに安定して入れることを考えます。第2段階では、相手のドライブやスマッシュ、さらには粘るボールの強弱に対し、安定したカットで粘ることができるように、さらに、カットの高さ、深さ、回転などを変えられるコントロールを身につけます。カットが高くなってしまっても「しまった」と思うのではなく、次はスマッシュが来る、と予測すればスマッシュ返球がやりやすいです。この選手はこのくらいの高さになればスマッシュする、というのがわかれば、わざと浮かしてスマッシュさせる、それを待って変化カットで拾う、ということもできます。

カットマンは打たれて当たり前、という気持ちを持つことが大切です。しかし、いつも打たれてばかりではいけません。そこで、サービスを持ったときの3球目攻撃、相手のストップやツッツキに対する反撃が必要になります。また、フォアハンドの強ドライブでラリーができるようになるとプレーの幅ができ、有利になります。

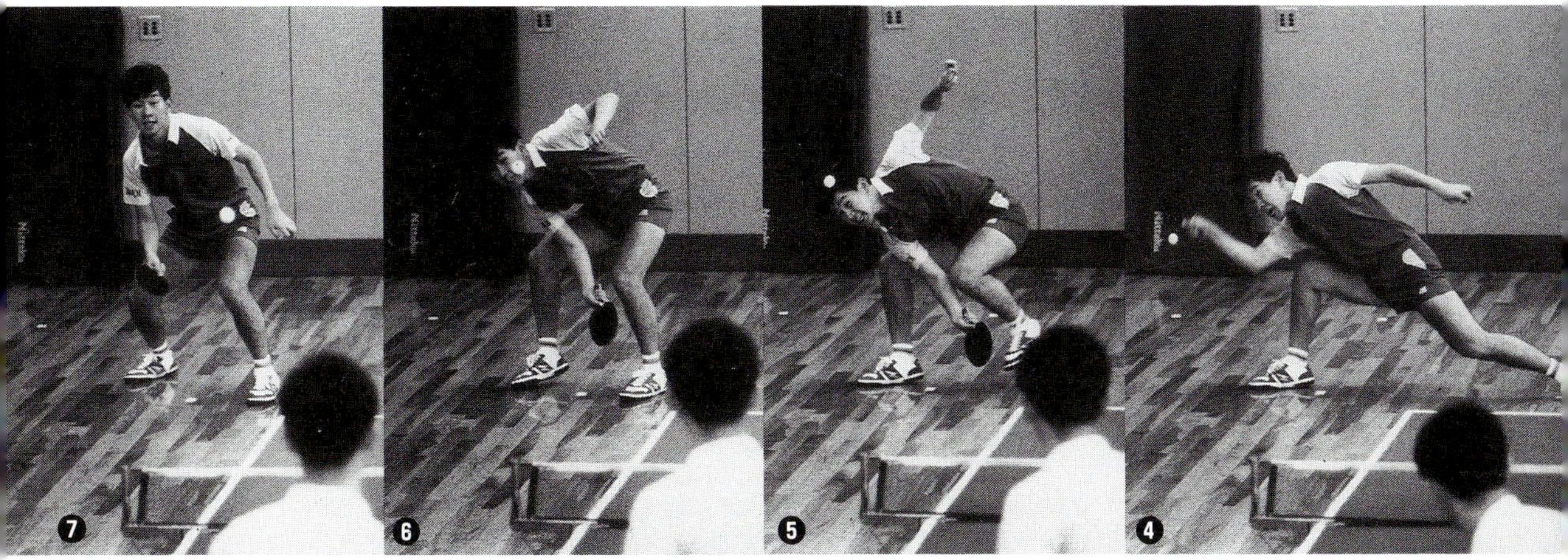

バックカットでのスマッシュ処理

POINT　*カットマンが最も輝く瞬間*

フォアと同様に、まず二歩動で動き、そのあと、右足の大きな一歩動でボールに飛び付く。相手に背中を向けていても（❻❼）、ボールを腕の振りと体の使い方で相手コートに返す。このときのフリーハンドの使い方にも注目しよう。カットマンが最も華麗に見える瞬間である

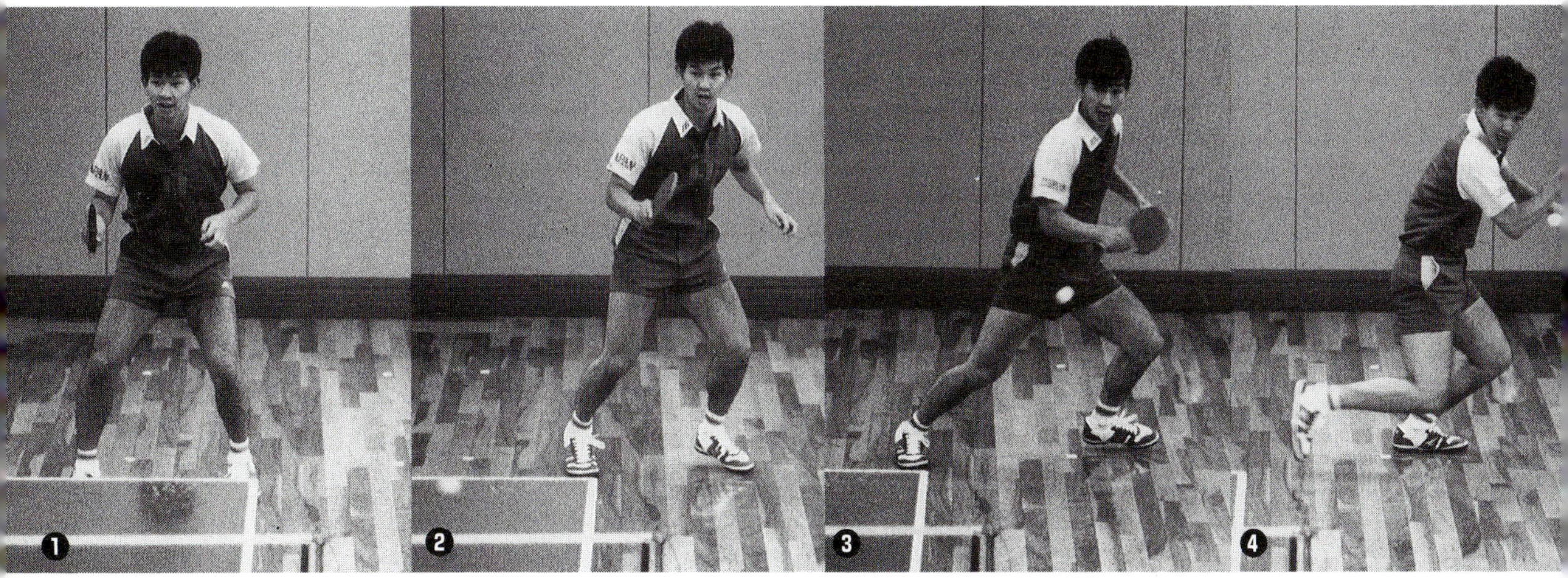

Q&A

Q・切れたカットを覚えるにはどうしたらよいでしょうか？

A・スイングを早くするどくすることです。サービスと同じような理屈で、手首とか手首の反動、あとはひじ、腰といったものをしっかりボールに伝えられるようなスイングをすれば切れます。そのときに打球音は「ブスッ」という鈍い音がします。

カット型

カット型のフットワーク

左右のフットワーク（バックカット）

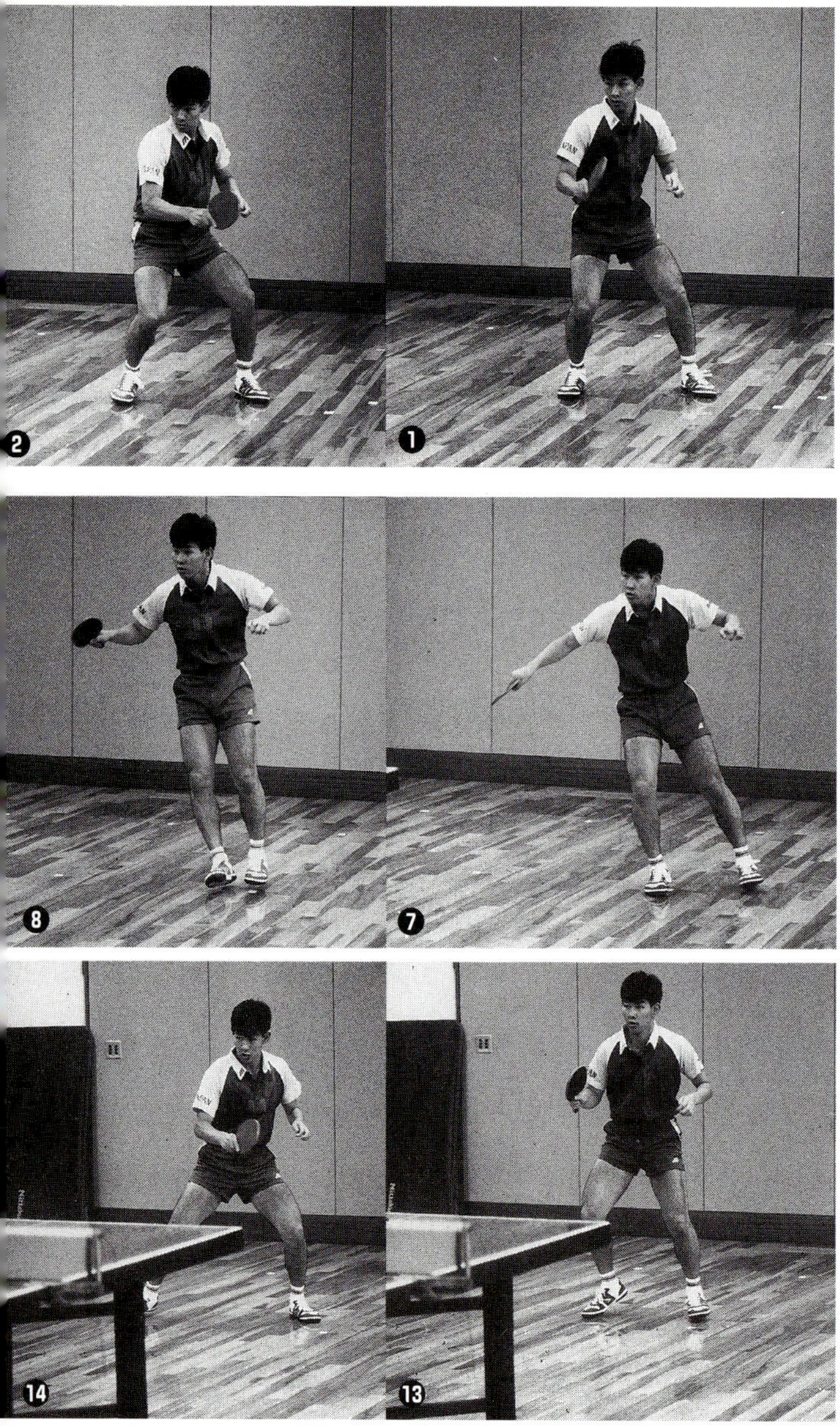

❶～❻バックサイドでカットし、基本姿勢にもどり、そのあとミドルに打たれたボールに対して大きく速く動いてバックカット。一球練習で続かない場合は多球練習で行う。バックサイドでカットするときとミドルに動いてからのスタンスに注意しよう（ミドルでカットするときには半身の姿勢を作る）。フォアカットも同様の練習を行う。この練習は横への動きを強化すると同時に、ミドルも強くする効果がある

◆カットの変化と意外性のある攻撃

攻撃選手にとってカットマンの何がイヤかというと、ひとつはカットの変化がよくわからないこと、打っても打ってもカットで粘られること、さらに予期しないボールを反撃されることです。

カットでのラリー中に曲がるロング（カーブロング）やショートを混ぜる練習、カット＋攻撃のコンビネーションの練習、サービスからの3球目攻撃に取り組みましょう。もちろん土台には安定したカットと変化の幅があるカットが必要です。

成長過程で中途半端になることは仕方ありませんが、練習のテーマ（攻撃を強化するか、カットの安定や変化をつけるのか）をしっかり決めておくことが大切です

切るカットはスイングを速くして、ボールに回転を多く与えます。ナックル（切らない）カットはボールに回転をほとんど与えず、ひざ、腰を使い、ボールを前方に押し出すような感じで打球します。

◆サービスとフットワーク

相手にツッツキレシーブをさせるサービスが中心です。そして3球目攻撃としてドライブを用いたり、3球目で速いツッツキで揺さぶりをかけたり、またツブ高ラバーを使用している選手は、台上プッシュのような独特の変化ボールをマスターしましょう。また、ドライブ性のロングサービスを用い、相手にショートさせ、3球目で変化カットをしたり、反撃を加える方法があります。

ラリー中ネットぎわにストップされ、前に出たあと、ミドルなどに強打されることがよくあります。この場合、後方に下がってカットするだけの時間的余裕がないときは、中陣で1本しのぐショートやスイングの小さい上から切り下ろすようなカットを覚えましょう。

また、フォア前サービスからミドル付近への3球目攻撃も多く使われるので、ミドルカットの練習も多く行います。

基本練習としては、前後のフットワークや左右のフットワーク、さらには相手がワンサイドで自分はオールサイドなどの練習があります。どの練習においても、正確なフットワークとスイングが必要で、レベルが上がってきたら相手にボールの強弱を入れてもらうようにします。

技術編
LESSON
レッスン
3

カットマンの多球練習

カット型

① 前後のフットワーク

カットマンは、ラリー中にストップやツッツキで、またショートサービスからの3球目攻撃などでコート近くに寄せられた後、強打で攻められることが多いので、カットマンとしては、この対応練習が必要です。

多球練習により、ストップと長いボールを1本交互に返球します。

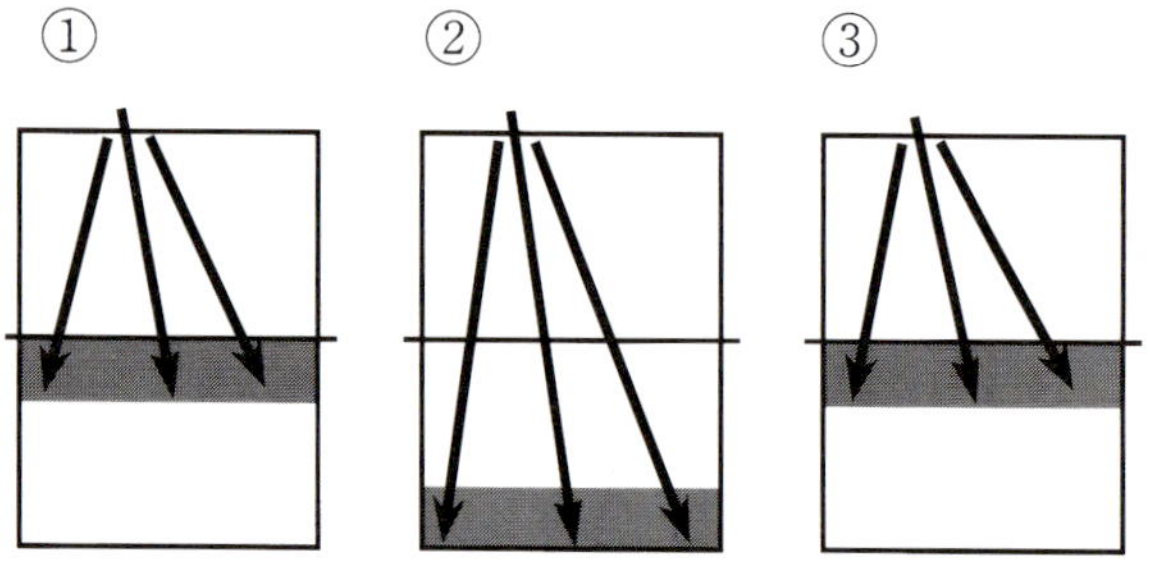
①
②
③
ストップボール
長いボール
ストップボール

＊レベルが上がってくれば、ときどき2本同じコースにノックします。

＊カットマンはツッツキやカットで返球しますが、下がるとき、間に合わないときは、中陣でのショートやハーフスイングでのカットも混ぜます。したがって打球位置は三ケ所、つまり前陣、中陣、後陣が必要です。

松下浩二のミドル処理カット

ミドル処理（内山京子）

ミドルに打たれたボールに対して左足を引き寄せながら、カット

② 左右のフットワーク

ゲーム中にバック側につなぎのボールを集められ、突然フォア側に強打されたり、その逆の戦法で攻められることがあります。その対策として、左右の大きなフットワークの基本練習が必要になります。フォアカットとバックカットを一本交互にノックしてもらったり、ときどき2本続けて同じコースに打ってもらい、カットの変化や攻撃を加えながら練習しましょう。ミドルへの送球を混ぜてもらったり、ミドルへの攻撃を混ぜてもらい、カットの変化や攻撃を加えながら練習しましょう。

フォアサイド、バックサイドにノック

① ／ ② ✕ ①カットでクロスに返球 ②カットでストレートに返球

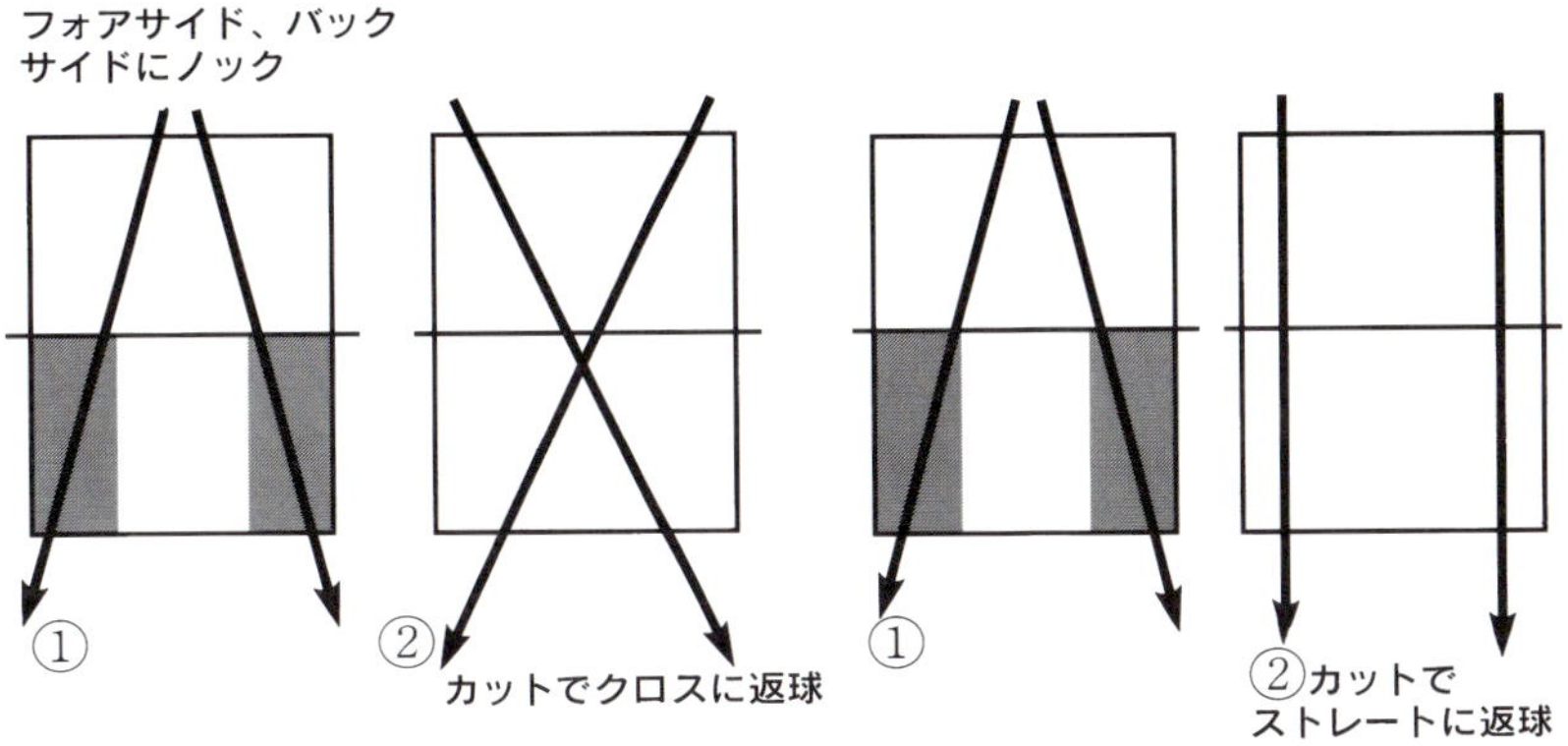

③ ミドル攻撃に対する対応練習

カットマンの構造的弱点はミドル付近のカット返球です。したがって、ミドル攻撃に対する十分な対応練習が必要です。バックミドル、フォアミドルへの攻撃に対してカットやショート、さらにはフォアハンドで対応する練習を多球練習や一球練習で行います。

要点としては、カットをするときに、おなかを少し引っ込めるような感じ、おなかについた脂肪を削り落とすような感じでななめ回転のカットをします。

ミドルにノック　両サイドにノック　フォア前にストップ　ミドルにノック　バック前にストップ

① ② ① ② ③

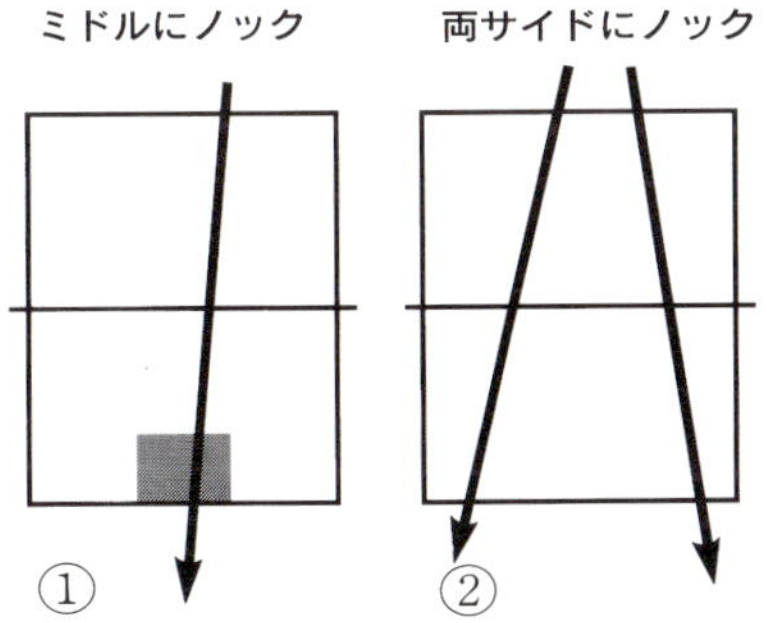

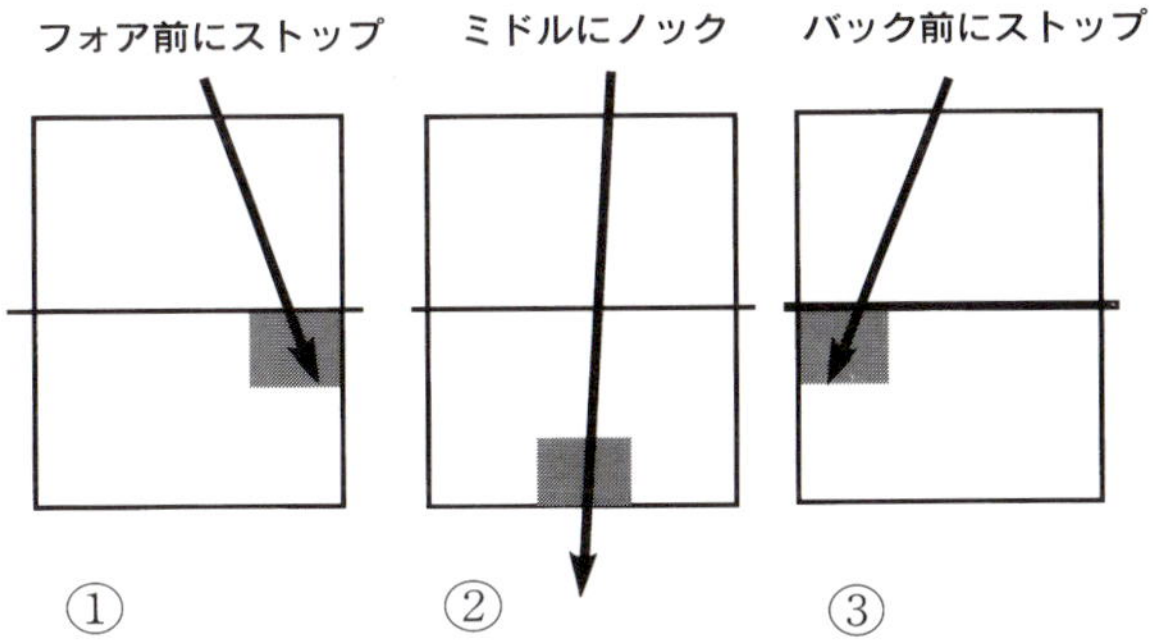

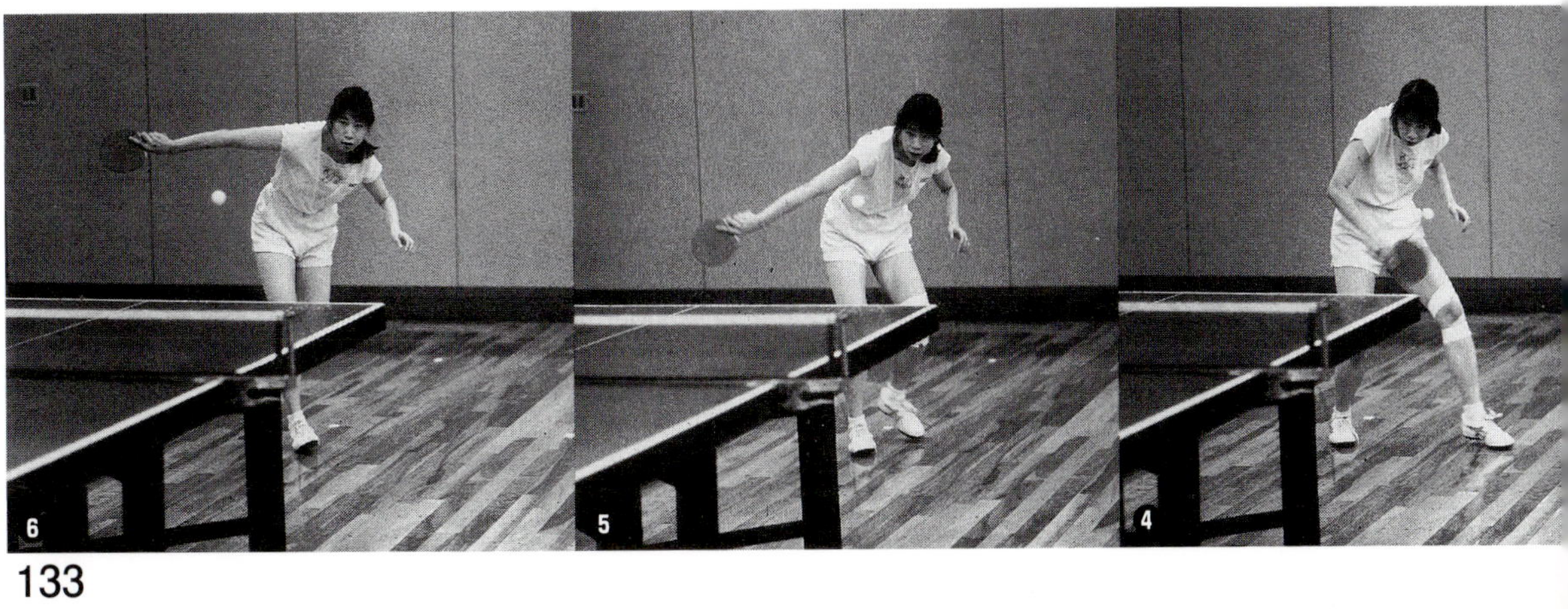

応用編
Build Up
5

強くなるための練習

◆二人が同時に練習する

従来は、「練習者」と「練習相手」と分けて考えていましたが、最近は内容を工夫して、二人が同時に練習するという考え方の練習がよいと言われています。

相手の打ちやすいボールを打ちやすいコースに返しているのでは実際に試合では役立ちません。二人が同時に攻めたり、守ったり、全面的に打ち合うのが「二人の同時練習」です。

練習というのは「試合に勝ちたい」「今の自分のレベルをもっと上げたい」という目的意識を持たなければなりません。何の練習をしているのか、試合のどこで使う練習なのかわからないようでは試合で役立ちません。試合と練習内容を結びつけて考えることが大切です。

そして、一定期間練習したなら、試合をしてみてその練習の成果はどうであるか、チェックする必要があります。成果が余りなければさらに取り組み、内容が不十分であれば修正することもあります。基本練習も必要ですが、卓球のスピード化や用具の多様化などによる新しい卓球を考えた場合、従来のような（左右のフットワークなどの）規則的練習だけでは試合で勝てません。基本のための基本ではなく、試合のための基本という考えで練習しましょう。

◆先手率を高め、目標ラリー回数を明確に

攻撃型の選手は先手を取ったときに得点する率が高く、練習でも先手を取る練習、そして先手を取られたときにそれをはね返す練習に挑戦しましょう。そのためには、相手が攻撃しやすいゆるいつなぎのボールはなるべく少なくし、厳しくします。ラリーを多くしよう、続けようということが目的の練習は、試合ではあまり生きません。ゲームでのラリーはせいぜい3、4回ですから、その中で厳しいラリーをするのが試合で役立つ練習です。

◆練習中の上下関係はなくそう

日本では、練習をするとき、上下関係（たとえば先輩と後輩）がその

スウェーデン式練習

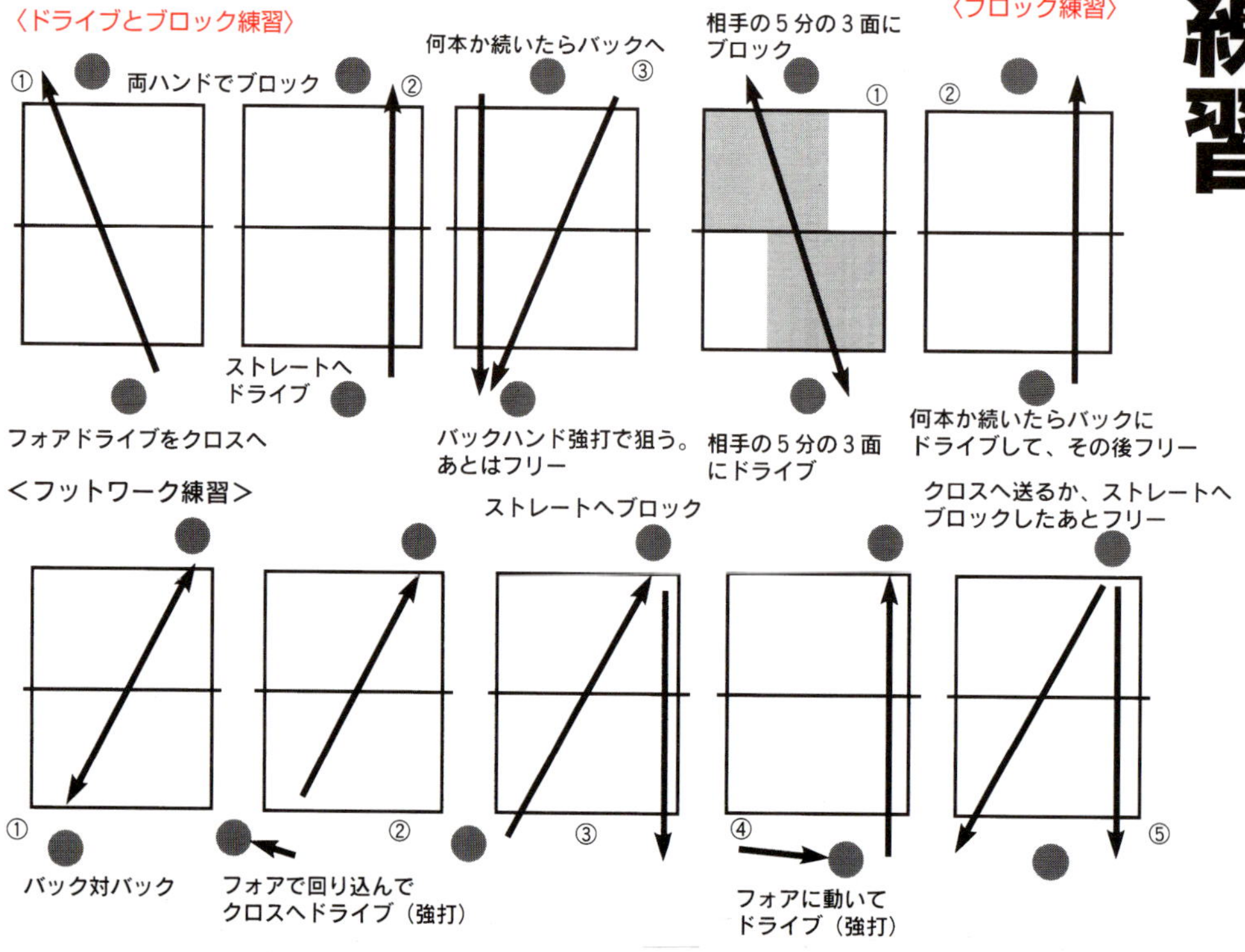
〈ドライブとブロック練習〉
①
両ハンドでブロック
フォアドライブをクロスへ
②
ストレートへドライブ
何本か続いたらバックへ
③
バックハンド強打で狙う。あとはフリー
〈ブロック練習〉
相手の５分の３面にブロック
①
相手の５分の３面にドライブ
②
何本か続いたらバックにドライブして、その後フリー
<フットワーク練習>
①
バック対バック
②
フォアで回り込んでクロスへドライブ（強打）
ストレートへブロック
③
④
フォアに動いてドライブ（強打）
クロスへ送るか、ストレートへブロックしたあとフリー
⑤

ままに持ち込まれ不自然になっている場合があります。基本練習でも後輩が遠慮して先輩を動かし、動かす幅が狭くなる、難しいボールを出さない、など、先輩の機嫌を取りながらやっていることがあります。しかし、試合のことを考えればそういうとき、先輩の方からもっと大きく動かしてくれとか、もっと強いボールを打ってくれ、と注文をつけるべきです。気持ちのいい練習ではなく、内容が充実したものになるよう、練習者と練習相手はよく理解しあって練習する必要があります。

　練習相手をする人は意識を高くもって相手をしなければいけません。またそうすることによって、自分の練習にもなるのです。30分間の練習で15分ずつの持ち時間であれば、意識の持ち方で、30分間お互いが練習できることになります。コーチや練習者もラリーが続いていればいい練習だ、と安心してしまうところがありますが、内容の薄いラリーでは練習にはなりません。続かなくても自分の力がさらに上がるための内容にしていかないと自己満足になってしまいます。

　最初は続かなくても一生懸命練習することによって続くようになります。そうすれば必ず試合で生きてきます。

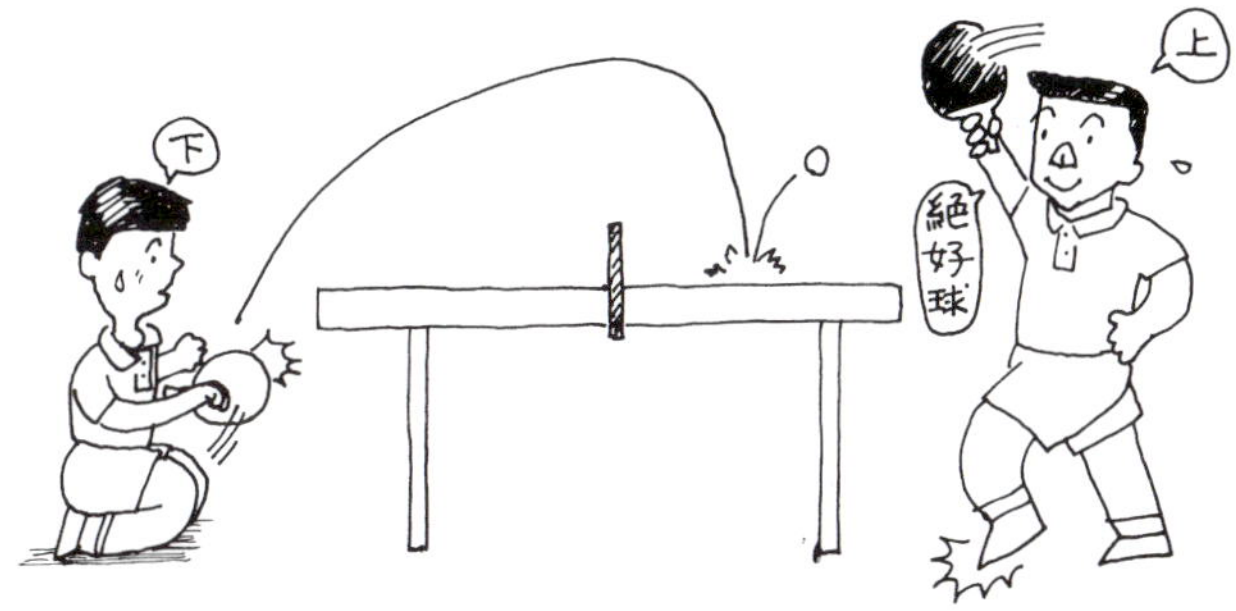

Q&A

Q・台が少ないときの練習は?

A・練習できないグループはトレーニングをやるようにしよう。また、多球練習などで1台で4、5人練習をしたり、ビデオなどを見て、イメージトレーニングをしましょう。

スウェーデン式の練習に「練習相手」はいない。規則的な練習でも途中からフリーになり、お互いの足がくぎづけになるような練習もしない。そのために2時間の練習をすれば、それがすべて自分の練習になり、質の高い練習になる

強くなるための練習
多球練習と一球練習

多球練習

◆試合に即したスピードで、連続的に

多球練習とはボールをかごの中にたくさん（一〇〇球くらい）用意して、それを連続的にノック（送球）して、打ち返す練習です。選手同士でも少し慣れれば十分にできます。この練習では当然のことながら、ミスをしてもボールを拾いに行かなくてもよいので、時間当たりの打球回数が多くなりますが、雑にならないよう、正確なフットワーク安定性も要求されます。

　コースを決めて行う練習、不規則にノックするもの、さらにはドライブ、カット、スマッシュなど、球質を変化させたボールを打たせる練習などがあります。

　また、連続的に六〇球～一〇〇球くらいやることにより、体力トレーニングの効果も出てきます。目的に合わせた内容をプログラムし、雑にならないよう注意することがとても大切です。

　ボールを送る側（ノッカー）は相手の動きやレベルを見て、球質を変えたり、強いボール、難しいコースに落とすようにします。ボールを送るスピードも早ければいいというものでなく、試合に即したスピードで送りましょう。練習者の命中率（打ったボールが相手のコートに入る率）は、5本のうち4本、最低でも3本入るようにします。ノッカーは早すぎず、また遅すぎず、練習者の打ったボールが自分のコートに弾んだタイミングに合わせて送ります。

　練習者はいい感じでコートに入ったときの打球点、打球感をつかみ、繰り返しやる中で正しい足の動かし方や体の使い方を覚えていきましょう。

　ボールを送る方法も直接相手コートにバウンドさせるやり方と、一回自分の台にバウンドさせてから送るやり方があります。強いボールや強いドライブなどを送るときは直接ボールを打って送球、ツッツキ、ストップで送球するときはバウンドさせたほうがやりやすいでしょう。ボールを送って練習者が打ったボールをノッカーがブロックして何本か続けさせる、というラリー形式の練習も試合が近くなったときには効果的です。

多球練習の例

ステップ1／規則的練習

●左右のフットワーク／フォアとバックに一本交互にノック、それをフォアハンドで返球、途中から不規則にしてもよい

●前後のフットワーク／浅いボールと深いボールを交互にノック、それをフォアハンドで返球

●左右の切りかえ／フォアとバックに一本交互にノック、それをフォアハンドとショートまたはバックハンドで返球、途中から不規則にしてもよい

●バック2本、フォア1本→バックハンド、フォア回り込み、フォア飛びつきで返球

ステップ2／不規則練習

●フォア半面、または3分の2面に色々な種類のボールをノックし、それをフォアハンドで返球

●バック半面に色々な種類のボールをノック、それをバック系の技で返球、ときにはフォアハンドで回り込んでもよい

●バックにツッツキをノック、それを回り込んでフォアハンドで打ち、次をフォアにノックしてもらい飛びついてフォアで打ち、あとは全面で2～3球打球

●全面にコースを広げ、いろいろなボールをノックし、返球する

ステップ3／ゲーム中のラリー

●フォア前にストップ→バックに深いボール→その後2、3本全面に送る。その後フォア前にもどし、繰り返す

●ツッツキを全面にノックした後、ラリーボールを2、3球全面に送り、またツッツキにもどし、繰り返す

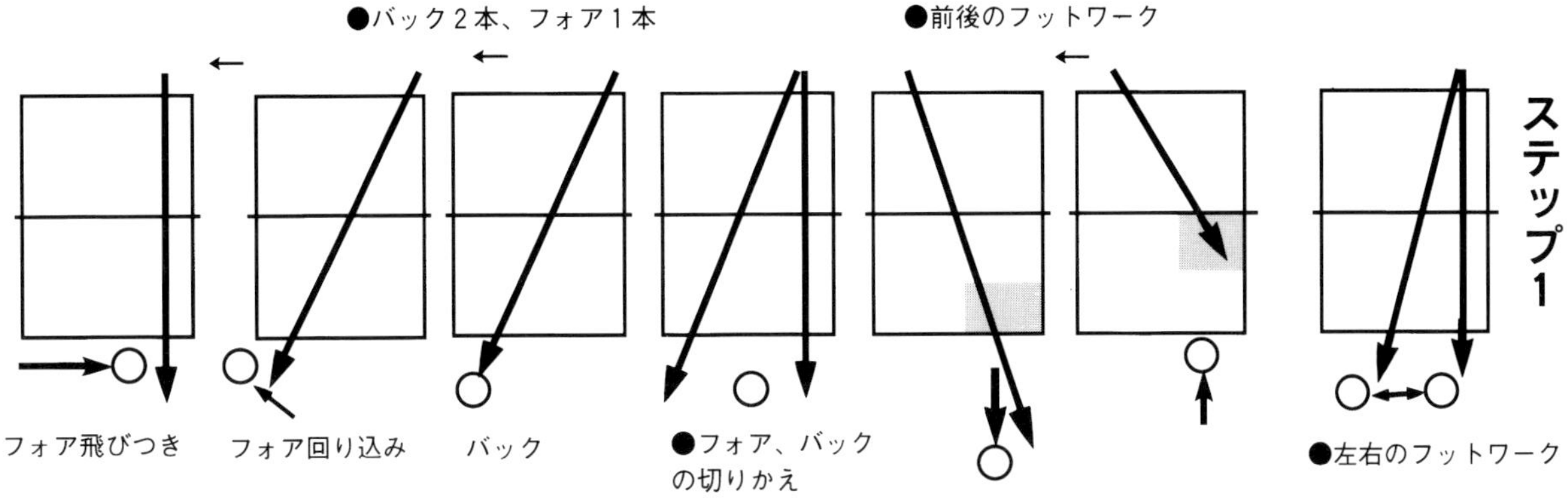

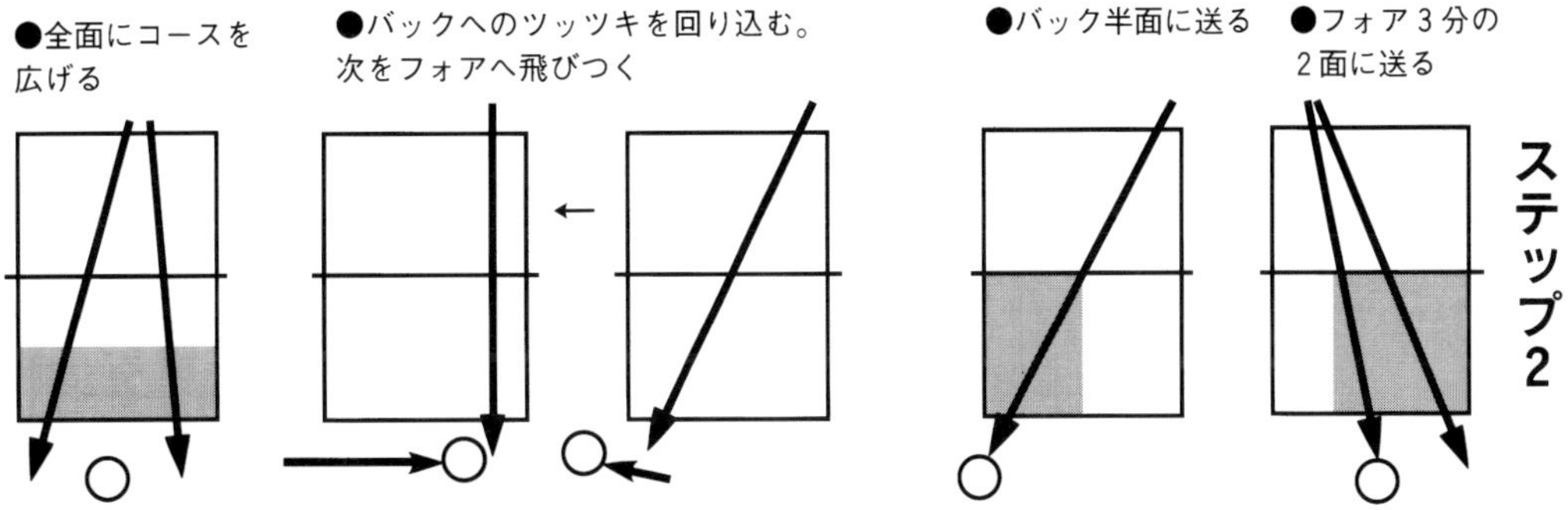

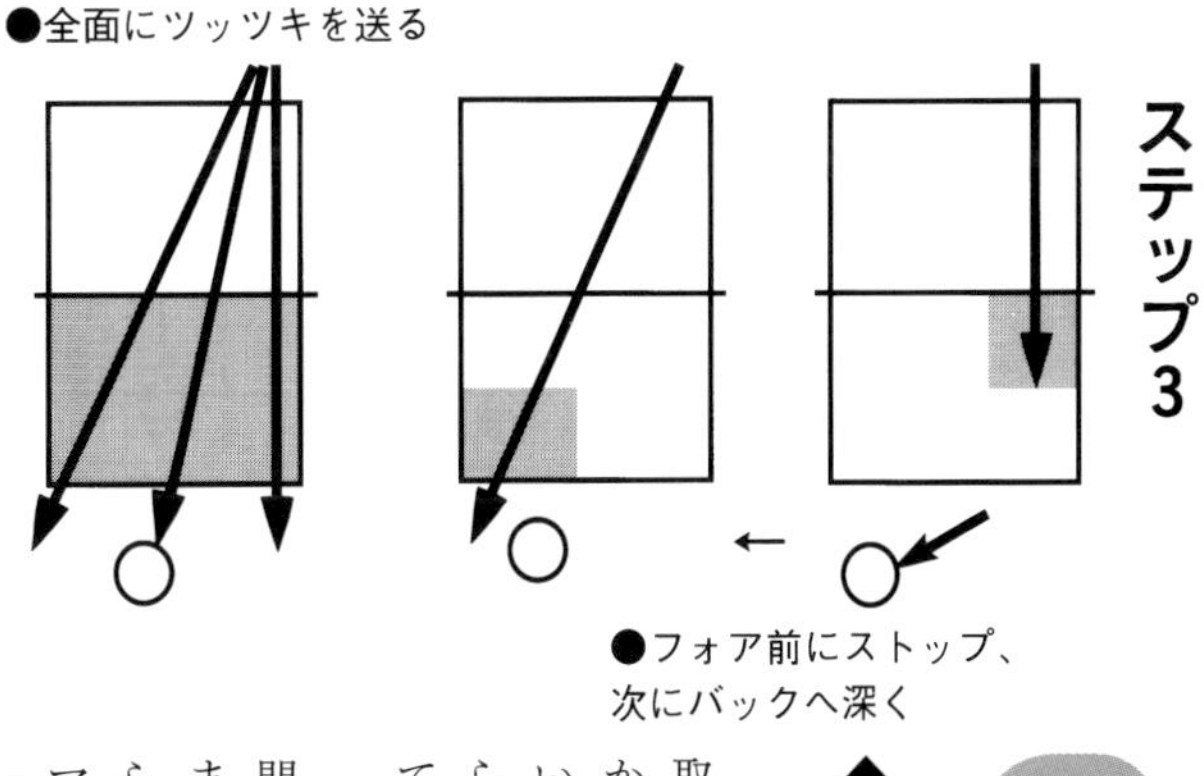

●バック2本、フォア1本　　●前後のフットワーク

ステップ1

フォア飛びつき　フォア回り込み　バック　　●フォア、バック　　　　　　　　　　　　●左右のフットワーク
　　　　　　　　　　　　　　　　　　　　　　　の切りかえ

●全面にコースを　●バックへのツッツキを回り込む。　　●バック半面に送る　●フォア3分の
　広げる　　　　　次をフォアへ飛びつく　　　　　　　　　　　　　　　　　2面に送る

ステップ2

●全面にツッツキを送る

ステップ3

●フォア前にストップ、
　次にバックへ深く

◆戦術と技の コンビネーション作り

一球練習

卓球のスタイルを基本練習として取り出して一球練習でやります。しかし、試合はボールの回転種類、長い短いなどが混じり合い複雑ですから、単調な一球練習を長くやりすぎても問題があります。

ゲームをやってみて、動きや技に問題がある場合は、多球練習で鍛えます。戦術的な問題（フォアが攻められなかった、ドライブのあとのスマッシュが打てなかった、など）は一球練習で解決しましょう。

多球練習と一球練習の割合としては、試合が余りないときは3対7くらい。試合が近づいているときは多球練習を少し減らして一球練習を多くします。多球練習には技作り、判断力、反応、体力、動き等を鍛えるという中味があり、一球練習では戦術的なコンビネーションが鍛えられます。自分が打ったボールに対して、どんなボールが返ってくるかというのは一球練習でなければわかりません。以上のことを頭に入れて、多球練習と一球練習をうまく組み合わせ練習しましょう。

強くなるための練習

必要なのは反応を高める練習

◆不規則練習で高めよう

卓球において、反応というものは非常に大切です。いくら足が速くても、力が強くても、反応が遅いとおくれてしまって打てません。反応の早さは、先天的なものでしょうか、それとも訓練で高められるものなのでしょうか。

読み、カン（勘）という言葉があります。読み、というのは予測であり、推理です。これは、経験や本人の心がけ、頭の使い方などにより、どんどん高まる部分です。カンというのは一瞬の判断力です。この部分は、先天的な要素が強いと言われています。反応というのは、読みとカンの二つが重なったものです。

どのように反応を高めていくか、というと一番いいのは多球練習でノッカーがフェイントを入れながらボールを送るやり方です。（例えばバックに出すふりをしてフォアに出すなど）

そういう練習では練習者の予測がはずれることもあり、それが試合で、はずれた場合でも手を出す、足を運ぶ、ということができるようになっていくのです。

また、もうひとつの方法として、ノッカーの横に練習者Aをおき、相手コートにBをおき、ノッカーは色々なコースに色々なボールをノックし、Bに打たせ、そのボールを練習者であるAが打ち返す練習です。Aはノッカーのボールのコース、球質をいち早く判断し、Bの技、打法、コースの判断をして、正確に対応する訓練です。

「規則的な練習」では反応は高めることはできません。意外性のある不規則な練習と多球練習によって反応を高めていくことができます。

練習中の選手間、選手とコーチのコミュニケーションも大切

練習場の雰囲気

◆緊張感を持って練習しよう

卓球台に向かったら、選手と選手の間に上下関係はありません。だから、下級生が練習中にミスをすると「すみません」と言うのはおかしい光景です。ひどいときはいいボールが入っても「すみません」と言っています。これはよくないことです。見ているほうも不快な感じを受けます。

ネットインしたり、相手に失礼なことをしたときには「すみません」と言っても構いませんが、「すみません」という言葉は否定的、遠慮がちな言葉であり、練習場も盛り上がりません。練習場の雰囲気として、大事なのは緊張感があることです。緊張感がある中で、集中して練習し、休憩時間はリラックスできるようにしたいものです。

同じレベル同士、強い者同士の練習は増やしていくようにします。自由に相手選手を選ばせると力が違う者同士組んでしまうことがあるので、リーダー（監督、またはキャプテン）が気を配りましょう。

休憩の取り方

◆思いきりリラックス

休憩のときは、リラックスして過ごしましょう。卓球は前傾姿勢が多いので、腰を伸ばしたり、反らしたり、自由にするのがよいでしょう。普段は1時間の練習をして10分、冬は1時間半で10分くらい、夏は45分やって10分の休憩が適当でしょう。

課題練習と自由練習

◆ゲームの中で短所、長所を見つける

いい練習をしたかどうか、というのは実際のゲームでわかります。勝った負けただけでなく、練習してきたことがゲームの中でどう役立っているかを確認しましょう。そして、次の課題が生まれてくるので、それを課題練習として、取り組んでいきます。

医者に行くと、検査をしてその結果からどこが悪いかを見つけます。ゲームは検査と同じで、良かった所、悪かった所がわかります。そして、それに効く薬（練習）を与えます。もし間違った薬（練習）を与えれば、病気はよくなりません。

規定の練習でやり残したことがあるときや、もっと練習をしたい場合は自主的に自由練習をやります。もちろん選手によって内容は違います。自由練習では短所を矯正する場合と、自分の特徴作り、長所を伸ばす練習があります。

自由練習というのは、その人の卓球に対する姿勢が出ます。その練習の積み重ねが大事な試合のときの心の支えとなります。楽をして強くなった人はいません。一生懸命練習すれば必ずどこかでその成果は発揮されるものです。

自分で時間を作り、また監督がいてもいなくても、一生懸命練習できる人が強くなる人です。他人に「やれ」と言われて行う練習ではなく、自分から「強くなりたい。勝ちたい」と思って行う練習が本当の「自由練習」です。

Q&A

Q・練習中に水分は補給してよいでしょうか？

A・補給しなければいけません。1回にどれくらい飲めばよいかというと、ふつうのコップの半分くらい。それ以上飲むと、飲み過ぎだと思います。小量で回数を多くしましょう。

練習の合間に効果的に水分を補給しよう

体力編
Physical Strength
1

体力トレーニング

◆トレーニングは体力の向上と故障の予防のため

卓球はボールを打つだけが練習で、体力トレーニングはいらない、と考える人もいますが、レベルが高くなればなるほど、また40㎜ボールになったことが影響して、体力の重要性は増しています。特に小さい子やこれから卓球を始める人にどのように体力をつけていけばよいでしょうか。卓球も低年齢化していますが、そういう小さい子供達にあまり卓球ばかりやらせてもよくありません。卓球だけの運動神経になってしまい、他の運動能力が遅れてしまいます。結果として卓球でもオールラウンドなパフォーマンスができないというマイナス点が出てしまいます。主にやるのは卓球で、初心者の場合は水泳、サッカーなど、いろいろな種目にもチャレンジしましょう。低年齢のクラスでよい成績を出しても、将来的なことを考えるとバランスのとれた体作りをしなければ大きく育つことができません。

また、利き腕のほうが筋力等強くなりがちなので、左右両方同じようにバランスよく鍛えましょう。

卓球というのは練習によっては同じ動き、同じ筋肉しか使わないことが多いのでオールラウンドな体力トレーニングが必要です。トレーニングは故障防止にも、体力の向上にも役立ちます。トレーニングをすることによって選手としての器を大きくし、卓球も余裕をもってできることにつながります。大きな試合で勝ち上がるためには体力が必要ですし、体力がない人は精神的なスタミナ、集中力がありません。

卓球に適したトレーニング

◆色々な方向への動き

トレーニングの中に絶対入れてほしいのはジャンプ系のトレーニングと縄飛びです。縄飛びは一人でもできるし卓球で必要な要素がたくさん入っています。特に二重飛びがよいでしょう。腹筋、背筋、跳躍力などが強くなるし、敏捷性が養われます。誰かと話ながらやると呼吸も上手になります。フットワークにも役立ちます。

動きが複雑で、不規則なのが、卓球です。一方向だけに走る、というのではなく、鬼ごっこやサッカーなどのように、いろいろな方向に走る、トレーニングを兼ねた遊技というのも取り入れたほうがよいでしょう。

定期的に体力測定を行い、トレーニングの効果や自分の課題などを知ることも大切です。また、体全体のスタミナをつけるには、20〜30分のランニングがよいでしょう。また、短距離のダッシュ→少しジョギング→短距離ダッシュというインターバルトレーニングも効果的です。試合のときのラリーが3、4秒、球拾いをしながら戦術を考えるのが12、13秒、ということを考えると、ダッシュと息を整えながらのジョギングを繰り返すのは卓球に適しています。また、反復横とびのトレーニングも卓球の動きである、ストップ&ダッシュのトレーニングになり、効果的です。

目的	トレーニング番号
スピード、瞬発力	①、⑤、⑥、⑦、⑧
敏しょう性、柔軟性、調整力	①、②、⑧、⑨
パワー（筋力）、各部位	④、⑦、⑨、⑩、⑪、⑮、⑯、⑰
持久力	①、③、⑥、⑨

●縄飛び（卓球選手にはとても大切）

●バランスボール／バランスを取りながら前に進む

●もも上げ／速く足を高く上げ、繰り返す。腕もしっかり振る

●スクワット／肩幅よりやや広めに足を広げ、腕を頭の後ろに組み、背筋を伸ばしたままひざを曲げる

●ジャンプ／できるだけ高く飛び、これを繰り返す

●スクワットジャンプ／床に両手をつき、その姿勢から思いきりジャンプ

●両足のサイドジャンプ／二人一組になり、一人がしゃがみ、もう一人が両足で左右にジャンプ。ゴムひもを使ってもよい

●サイドジャンプ／幅２ｍくらいの距離を左右の足で蹴り、連続的にジャンプ

●反復横飛び／120㎝の間隔で線を引き、ジャンプしないでその線をまたぐようにサイドステップする

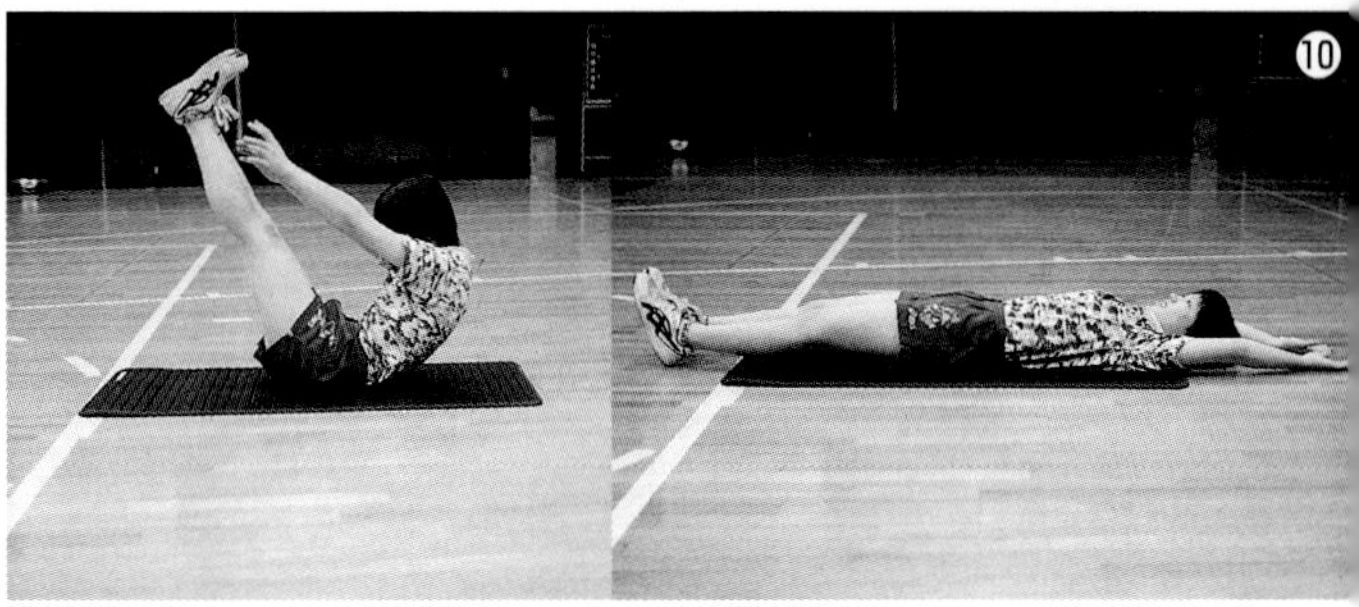

●Vシット／あおむけに寝て両腕を後ろに伸ばし、上体と足を同時に持ち上げ、Vの字の姿勢を作る。腹筋の強化

●起き上がり腹筋／ひざを直角に曲げ、両手は耳のところに当て、そのまま起き上がる

●腕立てふせ／肩幅くらいに腕を広げ、そのまま腕を曲げて体を沈め、そしてそのまま腕を伸ばして体を持ち上げる。この運動を繰り返す。上腕、三角筋の強化

●ももの引き上げ／腕立てふせの姿勢から左右の脚を交互に胸のところまで引き寄せるように曲げる。この運動を速く行う

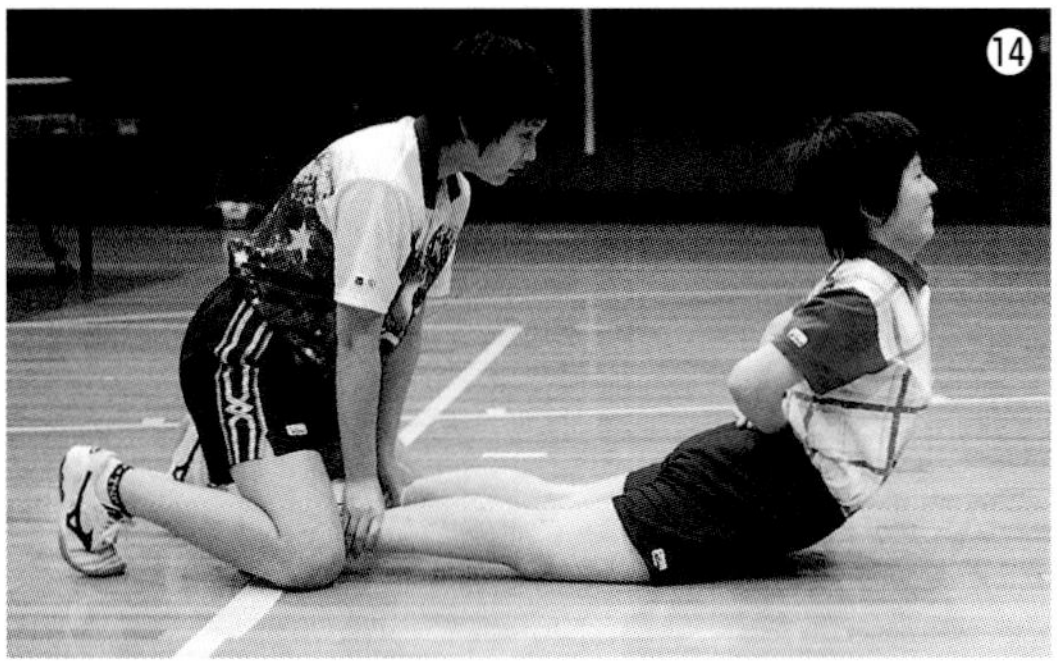

●上体そらし／パートナーに足を押さえてもらい、腕を後ろに組み、そのまま上体をそらす

●ベンチプレス／ベンチにあおむけに寝て、肩幅より広く開いた両手で持ち、胸の上に持ち上げ静止したあと、静かに胸まで降ろす

●カール／両手を肩幅くらいに広げて持ち、伸ばした腕を肩まで巻き上げる。上腕二頭筋、前腕の強化

●トランク・ツイスト／スタンスは肩幅より広めに取り、バーベルをかついだまま上半身を左右にひねる。腹筋の強化

スポーツを行う者として好き嫌いなく栄養のバランスを考え、しっかり食べるのも練習のうち

食事と健康管理

◆食事も練習の一部

スポーツを行う者にとって、食事はとても重要です。今は自動販売機にお金を入れれば、ジュースでも何でも買える時代です。つい、口当たりのいい炭酸入りのジュースなど飲んでしまいがちです。短期的には何でもありませんが、それを続ければマイナスです。飲み物もスポーツ飲料や牛乳がよいでしょう。

食事も好き嫌いが多いとか、お腹いっぱい食べてしまうのはよくありません。最近の選手は、食事の量が少ないようです。なぜかというと他のもの（お菓子やあまいジュース）を多く摂りすぎるからです。

大事なのは「頭で食べる」ということ。栄養のバランスを考えて、食事をしましょう。嫌いだから食べないのではなく、栄養があるものは必要だから食べる、というように考えなければいけません。それは、卓球の練習の一部です。また、激しいスポーツをする人は、食事だけでは栄養が足りなく、栄養剤やカルシウム剤なども必要になってきます。試合直前の食事や、試合中の食事もとても大切なことです。消化、吸収がよく、エネルギーに早く代謝するようなものを調べ、摂るようにしましょう。

また、自分でできる健康管理、手を洗う、うがいをする、などは毎日の生活の中でこまめに実行しましょう。

Q&A

Q・練習では強いのに試合になるとアガッてしまい、力を発揮できません。

A・まず、自分でマイナスのイメージを持たない。自分は、以前はそうだったけれども、変わってきているんだとイメージしましょう。自分の今までの試合で、いい成績が出たときの心理状態や試合内容を忘れないようにします。周りの人も自分を応援してくれているんだ、期待してくれているんだ、ということをプレッシャーではなくて、励みにするような、プラス思考が必要です。

Q&A

Q・試合当日の食事のとり方は？

A・消化がよくて、エネルギーに早く変わるようなもの、たとえば、うどんなどの麺類。ごはんでもよいでしょう。特に夏の食事は、汗をかいて胃の働きが鈍くなっているために、なるべく消化がよくて、吸収率の高いものをとりましょう。炭酸飲料などは、飲んだ後にマイナスの点が多いので、ひかえるようにしたいですね。それに、あまり冷やしすぎたものも、おなかをこわしたりするので、注意しましょう。

[著者紹介]

近藤欽司（こんどう　きんじ）
1942年（昭和17年）9月25日、愛知県知立市に生まれる。名古屋電気工業高校（現愛工大名電高）時代にインターハイ（団体）、国民体育大会（少年の部）で優勝。卒業後、日産自動車（神奈川）に入社。日産退社後、教員資格を取るために法政大学に入学。1965年（昭和40年）から白鵬女子高校（当時京浜女子商業高校）の監督を務め、インターハイでは学校対抗で8度の優勝。アジアジュニア大会の監督、全日本ナショナルチームのコーチを経て、1993、1995、1997、2000、2001、2005年の6回、世界選手権で全日本女子チームの監督を務めた。2001年大阪世界選手権では18年ぶりに銅メダルを獲得。佐藤利香選手など、数多くの全日本チャンピオン、世界選手権の日本代表を育てている。

新基本《しんきほん》レッスン卓球《たつきゆう》
©Kinji Kondou 2004
NDC 783　144P　24cm

初版第1刷——2004年5月20日
第2刷——2005年9月1日

著者————近藤欽司《こんどうきんじ》
発行者———鈴木一行
発行所———株式会社大修館書店
〒101-8466 東京都千代田区神田錦町3-24
電話 03-3295-6231（販売部）　03-3294-2359（編集部）
振替 00190-7-40504
［出版情報］http://www.taishukan.co.jp
http://www.taishukan-sport.jp（体育・スポーツ）

編集協力・レイアウト・イラスト——今野昇
表紙カバー写真・本文中写真提供——月刊「卓球王国」
製作協力——中川学　石原多恵子　森下智子
装丁———古川裕代
印刷所———錦明印刷
製本所———難波製本

ISBN4-469-16414-3　Printed in Japan
Ⓡ本書の全部または一部を無断で複写複製（コピー）することは、
著作権法上での例外を除き禁じられています。

基本レッスン卓球　初版発行　1994年1月10日